U0570712

阅读训练有办法

《"四特"教育系列丛书》编委会　编著

吉林出版集团股份有限公司
全国百佳图书出版单位

图书在版编目 (CIP) 数据

阅读训练有办法／《"四特"教育系列丛书》编委会编著．
—长春：吉林出版集团股份有限公司，2012.4
（"四特"教育系列丛书／庄文中等主编．爱学习，
爱科学）

ISBN 978-7-5463-8691-1

I.①阅… Ⅱ.①四… Ⅲ.①阅读课－中小学－教学参考
资料 Ⅳ.① G634.333

中国版本图书馆 CIP 数据核字（2012）第 044152 号

阅读训练有办法

YUEDU XUNLIAN YOU BANFA

出 版 人	吴　强	
责任编辑	朱子玉　杨　帆	
开　　本	690mm×960mm　1/16	
字　　数	250 千字	
印　　张	13	
版　　次	2012 年 4 月第 1 版	
印　　次	2023 年 2 月第 3 次印刷	

出　　版	吉林出版集团股份有限公司
发　　行	吉林音像出版社有限责任公司
地　　址	长春市南关区福祉大路 5788 号
电　　话	0431-81629667
印　　刷	三河市燕春印务有限公司

ISBN 978-7-5463-8691-1　　　　　定价：39.80 元

前　言

　　学校教育是个人一生中所受教育最重要组成部分,个人在学校里接受计划性的指导,系统地学习文化知识、社会规范、道德准则和价值观念。学校教育从某种意义上讲,决定着个人社会化的水平和性质,是个体社会化的重要基地。知识经济时代要求社会尊师重教,学校教育越来越受重视,在社会中起到举足轻重的作用。

　　"四特教育系列丛书"以"特定对象、特别对待、特殊方法、特例分析"为宗旨,立足学校教育与管理,理论结合实践,集多位教育界专家、学者以及一线校长、老师们的教育成果与经验于一体,围绕困扰学校、领导、教师、学生的教育难题,集思广益,多方借鉴,力求全面彻底解决。

　　本辑为"四特教育系列丛书"之《爱学习,爱科学》。

　　古今中外,许多成功人士都重视和强调学习方法的重要性。伟大的生物学家达尔文就曾说过:"一切知识中最有价值的是关于方法的知识。"著名的大科学家爱因斯坦的成功方程式则是"成功＝艰苦的劳动＋正确的方法＋少说空话"。这也是爱因斯坦对其一生治学和科学探索的总结。我们不难看出正确的方法在成功诸因素中具有多么重要的位置。联合国教科文组织教育发展委员会在《学会生存》一书中指出:"未来的文盲不再是不识字的人,而是没有学会怎样学习的人。"也就是说,未来的文盲不是"知识盲",而是"方法盲"。所以,在教学中对学生进行正确学习方法教育极具重要性。本书包括提高智力的方法以及各种学习方法和各科学习方法等内容,具有很强的系统性、实用性、实践性和指导性。但要说明的是:"学习有法,但无定法,贵在得法"。教师在教学中要注意因材施教,注意学生的个体差异,进而施以不同的方法教育,这样才能让学生掌握最适合自己的学习方法和学习的金钥匙,从而终身享用。

　　科学是人类进步的第一推动力,而科学知识的普及则是实现这一推动的必由之路。在新的时代,社会的进步、科技的发展、人们生活水平的不断提高,为我们青少年的科普教育提供了新的契机。抓住这个契机,大力普及科学知识,传播科学精神,提高青少年的科学素质,是我们全社会的重要课题。科学教育,是提高青少年素质的重要因素,是现代教育的核心,这不仅能使青少年获得生活和未来所需的知识与技能,更重要的是能使青少年获得科学思想、科学精神、科学态度及科学方法的熏陶和培养。

　　本辑共20分册,具体内容如下:

　　1.《智能提高有办法》

　　智能提高可能性,与遗传基因和后天因素息息相关。遗传因素我们无法改变,能够改变的就是尽量利用后天因素。本书针对学生如何提高学习智能进行了系统而深入的分析和探讨,并给予了切实的指导,对中小学生颇有启发意义,具有很强的系统性、实用性、实践性和指导性。

　　2.《高效学习有办法》

　　高效学习法是一种寓教于乐的教育方式和高效学习训练系统。它从阅读、记忆、速算、书写这四个方面入手,提高孩子的"速商"让孩子读的快,学的快,算的快,记的快,迅速提高学习成绩。本书针对学生如何提高学习效率进行了系统而深入的分析和探讨,并给予了切实的指导,对中小学生颇有启发意义,具有很强的系统性、实用性、实践性和指导性。

3.《提高记忆有办法》

人的大脑机能几乎都以记忆力为基础,只有记忆力好,学习、想象、创意、审美等能力才能顺利发展。那么如何才能记得更多、记得更牢、更有效地提高记忆力呢? 本书帮助你找到提高记忆力的秘密,将记忆能力提升到顶点。本书针对学生如何提高记忆力进行了系统而深入的分析和探讨,并给予了切实的指导,对中小学生颇有启发意义,具有很强的系统性、实用性、实践性和指导性。

4.《阅读训练有办法》

本书以语境语感训练为主要教学法,以日常生活中必读的各种文体、范文讲解及阅读材料的补充为内容,从快速阅读入手,帮助学习者提高汉语阅读水平。学生在学习的过程,根据实际情况选用适应的学习方法,定能收到事半功倍的效果。

5.《轻松作文有办法》

写作是汉语的重要组成部分,在汉语中有举足轻重的地位。人们抒发感情需要写作,总结经验教训需要写作,记叙事件需要写作……总之,无论学习、工作、生活都离不开写作。本书针对学生如何提高写作能力进行了系统而深入的分析和探讨,并给予了切实的指导,对中小学生颇有启发意义,具有很强的系统性、实用性、实践性和指导性。

6.《课堂学习有办法》

课堂听课是学生在校学习的基本形式,学生在校学习的大部分时间是在听课中度过的。听课之所以重要,是因为大部分知识都得通过听老师的讲课来获取。要想学习好,首先必须学会听课。本书针对学生如何提高课堂学习能力进行了系统而深入的分析和探讨,并给予了切实的指导,对中小学生颇有启发意义,具有很强的系统性、实用性、实践性和指导性。

7.《自主学习有办法》

自主学习是与传统的接受学习相对应的一种现代化学习方式。以学生作为学习的主体,通过学生独立的分析、探索、实践、质疑、创造等方法来实现学习目标。本书针对学生如何提高自主学习能力进行了系统而深入的分析和探讨,并给予了切实的指导,对中小学生颇有启发意义,具有很强的系统性、实用性、实践性和指导性。

8.《应对考试有办法》

考试主要有两种目的:一是检测考试者对某方面知识或技能的掌握程度;二是检验考试者是否已经具备获得某种资格的基本能力。如何有效的准备考试,可分成考试前、考试中、考试后三个部分做说明。本书针对学生如何应对考试进行了系统而深入的分析和探讨,并给予了切实的指导,对中小学生颇有启发意义,具有很强的系统性、实用性、实践性和指导性。

9.《文科学习有办法》

综合文科的学习旨在帮助学生学会学习,学会分析研究人与自然、人与社会、人与自身关系中的现实问题,学会探讨解决问题的方法等,帮助学生树立终身学习的观念。在这个过程中不断培养学生的实践能力、创新意识和创造力。本书针对学生如何提高文科学习能力进行了系统而深入的分析和探讨,并给予了切实的指导,对中小学生颇有启发意义,具有很强的系统性、实用性、实践性和指导性。

10.《理科学习有办法》

理科学习要形成良好的学习习惯和有效的学习方法。总的来说,科学的学习方法可用如下此歌谣来概括:课前要预习,听课易入脑。温故才知新,歧义见分晓。自学新内容,要把重点找。问题列出来,听课有目标。听课要专心,努力排干扰。扼要做笔记,动脑多思考。课后须复习,回忆第一条。看书要深思,消化细咀嚼。本书针对学生如何提高理科学习能力进行了系统而深入的分析和探讨,并给予了切实的指导,对中小学生颇有启发意义,具有很强的系统性、实用性、实践性和指导性。

11.《组织阅读科学故事》

在我们生活的各个角落,疑问几乎无处不在,而这些疑问往往能激发孩子们珍贵的求知欲,它能引领孩子们正确的认识和了解世界,并进一步地探知世界的奥秘,是早期教育最为关键的环节。为了让孩子们更好的把握时代的脉搏,做知识的文人,我们特此编写了这本书,该书真正迎合了青少年的心理,内容涵盖广泛,情节生动鲜活,无形中破解孩子们心中的疑团,并且本书生动有趣,是青少年最佳的课外读物。

12.《培养科学幻想思维》

幻想思维是指与某种愿望相结合并且指向未来的一种想象,由于幻想在人们的创造活动中起着重要作用,在发明创造活动中应鼓励人们对事物进行各种各样的幻想.幻想思维可以使人们的思想开阔、思维奔放,因此它在创造中的作用是显而易见的。本书针对学校如何培养学生的幻想思维进行了系统而深入的分析和探讨,并给予了切实的指导,对中小学生颇有启发意义,具有很强的系统性、实用性、实践性和指导性。

13.《培养科学兴趣爱好》

怎样让学生对科学产生兴趣? 这是很多老师都想得到的答案。想学好科学,兴趣很关键。其实,生活中的许多小细节都蕴涵着丰富的科学知识,大家完全可以因地制宜,为学生创造个良好的环境,尽量给学生提供不同的机会接触各种活动。本书针对学校如何培养学生的科学兴趣爱好进行了系统而深入的分析和探讨,并给予了切实的指导,对中小学生颇有启发意义,具有很强的系统性、实用性、实践性和指导性。

14.《培养学习发明创造》

发明创造是科学技术繁荣昌盛的标志和民族进取精神的体现。有学者预言,二十一世纪将是一个创造的世纪,而迎接这个创造世纪的主人,正是我们那些在校学习的孩子们。因此对青少年进行发明创造教育,就显得极其重要了。心理学家研究表明,青少年的好奇心正是他们探索世界,改造世界,产生创造欲望的心理基础。通过开展青少年发明创造活动,鼓励青少年去发现新问题,提出新设想,实现新目标,这是培养他们的创新精神,提高他们的创造力的最好途径。

15.《培养科学发现能力》

阿基米德在洗澡时发现了阿基米德定律,牛顿看到苹果落地,最终得出了牛顿第一运动定律。在科学史上,这样的事例还有很多,它证明科学并不神秘,真理并不遥远,只要我们能见微知著,善于发问,并不断探索,那么,当你解答了若干个问题之后,就能发现真理。本书针对学校如何培养学生的科学发现能力进行了系统而深入的分析和探讨,并给予了切实的指导,对中小学生颇有启发意义,具有很强的系统性、实用性、实践性和指导性。

16.《组织实验制作发明》

科学并不神秘，更没有什么决定科学力量的"魔法石"，科学的本质在于好奇心和造福人类的理想驱使下的探索和创新。自然喜欢保守她的奥秘，往往不直接回应我们的追问，但只要善于思考、勤于动手、大胆假设、小心求证，每个人都能像科学大师一样——用永无止境的探索创新来开创人类的文明。本书针对学校如何组织学生实验制作发明进行了系统而深入的分析和探讨，并给予了切实的指导，对中小学生颇有启发意义，具有很强的系统性、实用性、实践性和指导性。

17.《组织参观科普场馆》

本书集中介绍了全国多家专题性科普场馆。这些场馆涉及天文、地质、地震、农业、生物、造船、汽车、交通、邮政、电信、风电、环保、公安、银行、纺织服饰、中医药等多个行业和学科领域。本书再现了科普场馆的精彩场景；科普场馆的基本概况、精彩展项、地理位置、开放时间、联系方式等多板块、多角度信息，全面展示了科普场馆的风采，吸引读者走进科普场馆一探究竟。本书是一本科普读物，更是一本参观游览的实用指南。通过本书的介绍能让更多的观众走进科普场馆。

18.《组织探索科学奥秘》

作为智慧生物的人类自诞生之日起就开始了漫长的探索进程，人类的发展史就是一部探索科学、利用科学史。镭的发现，为人类探索原子世界的奥秘打开了大门。万有引力的发现，使人们对天体的运动不在感到神秘。进化论的提出，让人类知道了自身的来历……探索让人类了解生命的起源秘密，探索让人类掌握战胜自然的能力，探索让人类不断进步，探索让人类完善自己。尽管宇宙无垠、奥秘无穷，但作为地球的主宰者，却从未停下探索的步伐。因为人类明白：科学无终点，探索无穷期。

19.《组织体验科技生活》

科技总是不断在进步着，并且改变着我们的生活，让我们的生活变得更加多彩。学校科学技术普及的目的是使广大青年学生了解科学技术的发展，掌握必要的知识、技能，培养他们对科学技术的兴趣和爱好，增强他们的创新精神和实践能力，引导他们树立科学思想、科学态度，帮助他们逐步形成科学的世界观和方法论。本书针对学校如何组织学生体验科技生活进行了系统而深入的分析和探讨，并给予了切实的指导，对中小学生颇有启发意义，具有很强的系统性、实用性、实践性和指导性。

20.《组织科技教学创新》

现在大家提倡素质教育，科学素质是素质教育的重要组成部分，学生科学素质培养的核心是培养学生的创新精神和创新能力，创新能力的培养、开发应从幼儿开始，在长期的教学、训练过程中逐步形成和发展。小学科技教学，在培养学生创新精神和创新能力中，起着举足轻重的作用。帮助学生树立新的观念，主动地、富有兴趣地学习新的科学知识，去观察、探索、实验现实生活乃至自然界的问题，在课内外展开研究性的教学活动等，是行之有效的。但是，科技活动辅导任重而道远，这就要求科技课教师不断探索辅导方法，不断提高辅导水平，为全面推进素质教育，实施科教兴国战略奠定坚实的人才和知识基础。

由于时间、经验的关系，本书在编写等方面，必定存在不足和错误之处，衷心希望各界读者、一线教师及教育界人士批评指正。

编者

目　录

第一章

学生提高阅读能力理论指导

1. 阅读方法的分类

语文教学的任务之一是培养学生的阅读能力。从宏观而言，阅读和写作一样是没有"定法"的；但从微观来讲，学生阅读课文也和作文起步一样，又确实有"法"可依。下面就优化方法，提高能力，结合教学的实践谈谈自己的一些体会。

比较性阅读

著名教育家乌申斯基说过："比较是一切理解和发散思维的基础，我们正是通过比较来了解世界上的一切的。"从语文教学方面看，比较法是整个学习过程中不可忽视的方法。比较可以使学生在学新课时联系旧课，实现学习过程的正迁移，相互开阔视野，启发思路的效果。

在小学语文教材中，体裁相同而主题不同的文章，主题相同而体裁不同的文章，同一体裁、主题而选材不同的文章，都可以通过比较性阅读来了解其内容，揣摩其技巧。如《林冲棒打洪教头》和《三打白骨精》，学生进行比较阅读后，不难发现，二者的体裁都是小说，但可以跨越时空，去反映不同的主题。

前者反映林冲的正义，反映了人物的思想个性；而后者反映的是神话内容，借助了文字反映了神话故事的内容。又如《安塞腰鼓》与《姥姥的剪纸》，同写人，都是表现了"技艺高超"这一主题；安塞腰鼓人技艺高超，姥姥剪纸技术强，但体裁不同。学生带着这些问题进行自读、分析，便会得出结论：要反映相同的主题，可以选用不同的体裁。

《姥姥的剪纸》采取记叙的形式，可以达到目的；而《安塞腰鼓》则运用散文这一形式，同样达到目的。再如《小草和大树》和《轮椅上的霍金》都是小说，都是通过描写人物的悲惨遭遇来激励人们不要向困难低头，但选材不同。

围绕选材的问题，学生反复通读两篇文章，便可以找到答案；《小草和大树》选材于英国，以夏洛蒂的生活遭遇为主要内容，反映了他们姐妹三人不屈的精神。通过对他们心里的刻画，反映人物的思想精神。

求解性阅读

教师根据一定的目的要求，向学生明确提出若干个带启发性的问题，让学生以自读的形式循文求义：从课文中寻找答案，划出要点，以便在课堂中发表自己的见解，这是求解性阅读。

这种阅读能否循文求义，关键在于教师提出问题的难易程度。过易，缺乏思考性，学生往往会觉得"易如反掌"；过难，思而不得，读而不知所措，学生会产生畏难情绪，丧失自读的信心。因此，一定要掌握难易程度。

如果课文确实较难理解，则可以提出几个阶梯性的问题，引导学生寻求正确的答案。最好的方法是：学生对问题产生兴趣，似有所悟，跃跃欲试，甚至自发展开讨论，这就更能促进求解性阅读的自觉进行。

在教《青海高原一株柳》时，可以先板书出几道思考题让学生自读：为什么作者要写青海高原的样子？青海高原一株柳什么样的精神值得你欣赏？作者为什么要写家乡的一株柳，文章中你有什么启发？

学生根据思考题，认真阅读课文，既抓住了中心句，又知道了青海高原一株柳的精神，并了解作者的写作方法以及文章要表达的内涵，面对困难，勇于迎接并能勇于承受一定能战胜困难。

质疑性阅读

学生经过几年的启蒙教育，已经走出了思维的沙漠和智能的荒原，他们不仅有了完全属于他们自己的思维的绿洲，智能的园圃，而且具有一定的质疑问题的基本素质和判断是非的能力。因此，我们每一位教师都具有一种不可推卸的责任，想方设法提高学生质疑问题的自学性的科学性。

开始，学生可能提不出什么问题，教师可作示范性提问。当他们能提一些问题时，应积极鼓励，决不笑其肤浅、简单，挫伤了他们的自读质疑的积极性。学生经过一段时间的训练，如果能提出一些质量较高的问题时，那就是"水到渠成"了。

质疑性阅读的目的，在于通过阅读，发现问题，解决问题。弄清字、词的确切意思，用法，以至篇章结构，人人都可以提出自己的疑问，然后由教师选择归纳成若干问题，师生共同讨论解决。

如学习《负荆请罪》，学生通过阅读，提出下列疑问：这篇课文的前两个故事表面上是秦王与蔺相如唇枪舌剑的斗争，实际上是什么和什么斗争？是属于哪一方面的斗争？文中的三个故事都表现了蔺相如的什么品质？大家通过争论、辩解，知晓：秦王与蔺相如之斗争，实际上是秦国与赵国之斗争，是属于外交上的斗争，三个故事都表现了蔺相如以国家利益为重的可贵品质。

质疑性阅读是较高层次的阅读，在质疑性阅读中，解疑是最关键的一道程序，它直接决定着质疑性阅读的效果。因此，教师要讲求"技法"去引导学生释疑。有些疑点对于小学生如同"八卦阵"，学生钻进了没有老师的指引是钻不出来的。

然而，引导归引导，学生终究要自己"钻出来"，而且也只有学生自己"钻出来"才能识破迷津，走出"八卦阵"。对这一类疑点，有的给予点拨即可，有的应提供思路，还有的则不仅要扶"上马"，还应"送一程"。

如果说，质疑性阅读是较高层次的阅读，那么，创造性阅读则是更高层次的阅读。这种阅读要求教师应顺应学生的思维规律，并加以恰当的点拨和引导，使学生的思维散发。在阅读中实行再"创造"，这种既能培养学生认真阅读课文，深入理解作品的习惯，又利于开拓学生的发散思维，发挥他们的创造能力。

古人读书贵在"自得"，又云"书读百遍，其义自见"，意思是对一篇文章只要多读、熟读就能大有益处，不用解说，自晓其义。有口无心的读不同于专心致志的读，盲目的读有别于自学的读，应付式的读"食不知味"，有目的的读"津津有味"。

因此，需要教师通过启发、诱导，使学生带着明确的目的，获取最佳的读法，专心致志地、自学地去读，边读边议，比较异同，释疑解难，力求创新，从而逐步提高阅读能力和分析能力，以适应未来的需要。

2. 阅读能力的作用

语文教学的重要方面是课文的阅读，通过阅读不断提高学生的阅读能力。学生的阅读能力是获得其他能力的基础。因此，在语文教学中必须把培养学生的阅读能力放在首位。尤其在小学中年级的语文教学中，培养小学生的语文阅读能力更为重要。下面我就阅读教学对培养学生发散思维能力和实践能力的作用，浅谈一下自己的薄见：

在小学语文教学中的重要地位

俗话说得好："书读百遍，其义自见。"这一句话便可知我国古代的教学方法对背诵的强调，但在现代人眼中这似乎十分落伍。实际上，古人这样做也不是完全没有道理的，只有读熟了课本才有可能更好地理解课文。

在过去和当前的教学中，阅读教学往往是教师事先设计好问题，学生被动回答的过程，学生自己想的东西很少。这就使学习陷入被动，让学生不是自主地去学习，而是逐渐适应了这种灌输式的教育，因此不能培养学生积极思考的能力。

因而阅读教学应做到让学生感知后有所领悟，能够积极主动的有感而发，在自己真正领悟之后，抒发自己的感受和理解。只有这样，我们的阅读教学才能算是一个完整的过程。然而很多教学实践也证明，学生的阅读能力是发散思维能力、实践能力和其他能力的基础。

对小学生发散思维能力的培养

小学生天真烂漫，生活阅历基本上是一张白纸，对课本上的课文内容不能清楚准确地了解，老师在教学生识字、辨字、写字的同时，不要忽视对课文内容的讲解。中国地域辽阔，课文内容涵盖了大江南北的山水、气候、风情，小学生以直观思维能力为主，不可能理解到远于自己生活之外的知识。

因此老师在讲过课文内容后，让学生反复阅读课文，仔细体会文中包含的丰富内容，让学生讨论，逐个表达对课文的理解，老师在最后做深入的点评，培养小学生的发散思维能力。

例如，苏教版的小学三年级语文下册第三课《庐山的云雾》，这篇课文主要描写了庐山的云雾美丽的奇幻风景，激发学生对祖国山河的热爱。但是，学生对于庐山云雾的印象也仅仅限于自己的想象，很少有学生真正的到过庐山，亲眼欣赏过庐山云雾的美丽姿态。

因此，要想教好这篇课文，就必须让学生熟读课文，反复阅读，老师通过课文的讲解，培养学生的发散思维能力。使学生通过阅读、老师的引导、多媒体课件的渲染、激发学生的想象、联想到庐山云雾的千姿百态和瞬息万变。加深对课文的理解，激发学生热爱祖国大好河山、热爱新生活的热情。通过学生思维的发散，运用丰富的想象学习这篇课文，就收到了事半功倍的效果。

对小学生实践能力的培养

学以致用，学生们从课本上所学到的知识都是为了在实际生活中的应用。因此，在语文教学中培养学生的实践、动手能力尤为重要。如何培养学生的实践能力？就是要求学生们学会阅读，教师们抓好阅读教学，从阅读中培养学生的实践能力。

可以说，阅读教学是学生获得实践能力的重要源泉。学生们在实际生活中，只有把书本上的知识与生活实际连在一起，才能使知识和能力两者兼顾，一箭双雕。所以，通过阅读提高学生的实践能力是语文教学中的一项重要工作，从小培养学生的实践能力更为重要。

例如，对苏教版的小学三年级语文上册《掌声》的教学，就可以通过阅读教学培养学生的实践能力。这是一篇叙事的课文，课文中通过同学们给小英的掌声，给了小英鼓励和信心。让学生懂得不能取笑别人的缺点，要相互友爱的道理。

在教学中，通过小英前后生活的对比，让学生理解为什么小英的生活发生了这样的变化？然后将自己的理解和懂得道理带到生活中。每个人都是有缺点的，你是否有嘲笑别人缺点的时候？通过这样的教学，从反复的阅读中让学生明白：人无完人，每个人都有缺点。我们不应该去嘲笑他们，应该友好的对待每一个同学。

总之，语文教学是一个难以很好把握的大课题，需要每个老师依据教学要求，根据学生实际，把握阅读教学的要点，以阅读教学作为语文教学的突破口，让学生都能自主的学习、自主的思考、自主的质疑、自主的感悟。培养好学生的阅读能力，以达到发散思维能力、实践能力及其他能力的共同提高。

3. 阅读对学生写作的作用

在文学创作中，一直强调"生活是文学创作的唯一源泉"。因此，在中学作文教学中，许多教师也着重强调"生活"对写作的作用，而忽视了"阅读"对于写作的作用。其实，在中学生作文训练中，阅读应该是提高写作能力的一个重要甚至是主要的途径，它对培养学生的写作能力、提高写作水平有着极为重要的作用。

可使学生累积写作素材

生活是文学创作的唯一源泉，任何文学作品都是生活的直接或间接的反映，中学生的作文也应该是生活的反映。但由于中学生这一群体具有其特殊性，他们的学习甚至生活的主要阵地都在学校，他们的主要任务是通过课堂学习掌握知识和技能。

因此，他们不可能像作家一样长期投身于生活的海洋中去，他们还不可能与社会生活有密切的接触，也不可能去做社会生活的主人。所以，要想提高中学生的写作水平，就必须在课内外阅读上多下功夫。

因为中学生通过阅读所了解、掌握的书本的内容，也是一种生活，甚至是一种更广阔的生活。这种"生活"大多是经过艺术加工的，至少是经过作者精心锤炼过的，古今中外的"生活"都可以得到反映。

这样，就可以弥补了他们接触社会生活的不足，对作文所需要的"生活"有了一定的认识，即间接地从书本上了解了生活现实，为他们的写作提供了所需的材料。同样，阅读多了，积累也就丰富了，学生也不再会有"茶壶装饺子，难倒不出"的苦闷和"巧妇难为无米之炊"的尴尬，解决了学生中普遍存在的"不知写什么"的问题。

可提高学生的语言能力

语言能力，可以说是作文能力的重要组成部分。在写作过程中，语言能力较低的学生通常言不达意，想要说的意思或内容难以表达出来或是表达不准确，甚至表达错误。这种现象，其实就是学生语言能力低的表现。

而通过阅读，如坚持多读一些古今中外名著，那些名家的精彩、生动的语句对学生的语言表达、语言感受的培养实在是大有益处的。受阅读的影响，爱看中国现代名家小说的学生，其作文的语言或多或少都带有那些名家的痕迹，有的如鲁迅的"精警而风趣"，有的如乡土小说家的"质朴中显精妙"，有的如郁达夫的"伤感沉郁"，有的"细腻"，有的"委婉"，有的"精妙"。

爱看唐宋诗词的学生，其作文语言则既有模仿李白的"浪漫豪放"，也有学习杜甫的"沉郁顿挫"，还有与李清照的"婉约"、李商隐的"感伤惆怅"等相仿。更为难能可贵的是，他们大多都吸收了中国古典诗词中的含蓄、隽永、简约、明白等语言风格，并在其作文中有初步的或是简单的体现。

由此可见，在阅读中，在对古今中外名著的大量欣赏中，学生可以尽情的在文学海洋中徜徉，体味到文学的奥秘，因而在不知不觉中培养、加强了语言能力，增强了语感。这样，就有效的解决了学生作文中"写得干巴巴"、"语病多"的问题。

可培养学生作文想象力

文学源于生活，它是对生活的真实再现。但是，它又高于生活，它不只是生活的简单的反映，它是经过作者的艺术加工而成的。是对生活的集中的、概括的反映。

也就是说，它是通过对众多现实生活素材"艺术再创造"而成的。而这个"艺术再创造"的过程，就离不开想象思维过程。因此，在中学生写作中，想象思维能力是十分重要的，没有想象思维，写作的内容就难以生发，意境就难以深远，主题就难以深刻。

而文学作品中准确、生动的艺术形象描绘具有强大的感染力，能够刺激读者的感官，作用于大脑，引发相应的再造想象。学生因此而可在默读、精读、反复诵读的过程中通过想象去领会作品的意象和意境，所表达的主旨和逻辑安排。在想象、思考中阅读，在阅读中想象、思考。

这就无形中培养了想象思维能力。学生在写作中便可在生活（包括通过从书本上阅读了解到的生活）真实的基础上，对各种素材进行取舍、进行"艺术再创造"，这就解决了学生作文中"有很多材料，但不知写哪些好"、"不知怎样写"的问题。

4. 培养数学阅读能力的意义

阅读是人类社会生活的一项重要活动，是人类汲取知识的主要手段和认识世界的重要途径。现代及未来社会要求人们具有的阅读能力已不再只是语文阅读能力，而是一种以语文阅读能力为基础，包括外语阅读能力、数学阅读能力、科技阅读能力在内的综合阅读能力。

因此，在只重视语文阅读能力培养的今天学校教育中，加强数学阅读教育研究，探索数学阅读教学的特殊性及教育性功能，认识数学阅读能力培养的重要性，就显得尤为重要。

有些家长总对我说："老师，孩子做计算题还行，就是解应用题不会分析，有的题孩子解答不出时，只要我将题目读一遍，有时甚至读到一半时，他就会叫道'哦，原来如此！'"这是为什么呢？原因就出在学生的阅读能力上。培养学生的阅读能力，使他们获得终身学习的本领，是非常必要的。

高中学生数学阅读的现状

为了进一步了解高中学生当前的阅读状况，便于在今后的教学中进行学生数学阅读能力的培养，笔者对所教的高一（9）班中的学生在衔接课及第一章《集合》的教学中，安排了数学语言阅读能力测试环节。

对于阅读数学教材的主要困难，多数学生认为是数学语言太抽象、内容太枯燥。数学语言的严谨性和抽象性是数学工具性的基础，体现了数学学科特点，也是数学魅力的一种展现。学生对这种抽象语言的评价情况正反映出他们数学阅读能力和数学学习能力的现状，然而理解和吸收这些抽象的数学语言正是阅读数学教材要突破的核心问题。

笔者在教学中加入阅读教材的部分，在个别班级的数学课堂上也安排了阅读时间。为了真实反映学生的数学阅读能力，我在讲授集合《子集、补集、全集》一节时安排了数学语言中自然语言、符号语言和图形语言转换的环节，对本班学生测试，调查学生现有数学阅读能力及具体阅读方法。

测试结果表明，所有学生在阅读数学材料时习惯于勾画重点，能有效地运用数形结合思想等数学思想来理解材料，进行知识的类比迁移。但是数学学习能力不同的学生在阅读过程及之后的练习中也表现出明显的差异：

（1）学习主动性的差别

在材料中，关于补集定义的 Venn 图，我并未直接给出，成绩较好的学生可以自己直接画出，而成绩相对较低的同学需要我给出图像。

（2）语言转化意识不同

在 PPT 课件上给出补集的文字定义，成绩较好的学生可以主动写出其符号形式，而成绩相对较低的学生直到阅读下一页时，才会从 PPT 中感知其数学符号形式。

（3）数学思维能力不同

数学能力较强的学生能够感知材料中的个别元素，也能感知那些

"有数学意义的结构"，并可以意识到材料中隐蔽着的问题。但是成绩不太好的学生只是直接接受结论，而不能进一步扩展思考，其数学思维比较被动。

综上所述，现今大部分中学生具有一定的数学阅读能力，但是往往忽视了数学教材阅读在数学学习中的作用。后进生在数学阅读上还存在一定的障碍，主要是由于数学课程语言的抽象性及其内部灵活转换的特性所造成。

培养数学阅读能力的意义

学生智力发展的诊断研究表明，学生的"数学语言"的特点及掌握数学术语的水平，是其智力发展和接受能力的重要指标。数学语言发展水平低的学生，课堂上对数学课程语言信息的敏感性差，思维转换慢，从而造成知识接受质差量少。

教学实践也表明，数学语言发展水平低的学生的数学理解力也差，理解问题时常发生困难和错误。因此，重视数学阅读，丰富数学语言系统，提高数学语言水平有着重要而现实的教育意义，其独特作用甚至是其他教学方式所不可替代的。

（1）有助于数学语言水平的提高

所谓数学交流是指数学信息接收、加工、传递的动态过程，狭义指数学学习与教学中使用数学语言、数学方法进行各类数学活动的动态过程。而数学交流的载体是数学语言，因此，发展学生的数学语言能力是提高数学交流能力的根本。

然而，学生仅靠课堂上听老师的讲授是难以丰富和完善自己的数学语言系统的。只有通过阅读，做好与书本标准数学语言的交流，才能规范自己的数学语言，锻炼数学语言的理解力和表达力，提高数学语言水平，从而建立起良好的数学语言系统，提高数学交流能力。

（2）有助于发挥数学教科书的作用

数学教科书是数学课程教材编制专家在充分考虑学生生理心理特征、教育教学原理、数学学科特点等诸多因素的基础上精心编写而成，具有极高的阅读价值。

可是，目前我们广大师生并没有很好地利用教科书，仅把教科书当成习题集。这正是教师讲解精彩而仍有一些学生学习成绩不理想现象产生的原因，缺少阅读教科书的环节。

美国著名数学教育家贝尔对数学教科书的作用及如何有效地使用数学教科书曾作过较为全面的论述，其中重要的一条就是要把教科书作为学生学习材料的来源，而不能仅作为教师自己讲课材料的来源，必须重视数学教科书的阅读。其实，我国义务教育数学教学大纲中已明确指出，教师必须注意"指导学生认真阅读课文"。

（3）符合"终身教育和学习"的思想

众所周知，未来社会高度发展，瞬息万变，这决定了未来人不仅要有宽厚扎实的基础知识功底，更需要他们有较强的自学功底从事终身学习，以便随时调整自己来适应社会发展的变化。而阅读是自学的主要形式，自学能力的核心是阅读能力，因此，教会学生学习的重头戏就是教会学生阅读，培养其阅读能力。

（4）有助于个别化学习

这样能够使每个学生能通过自身的努力达到各自可能达到的水平，实现新课程的目标。新课程的全新理念是"不同的学生学习不同的数学"，实现这个目标仅靠集体教学是办不到的，其有效途径是集体教学与个别学习相结合，而有效个别学习的关键是学会阅读。

研究也表明，构成一些学生学习数学感到困难的因素之一是他们的阅读能力差，在阅读和理解数学书籍方面特别无助。因此，要想使数学素质教育目标得到落实，使数学不再感到难学，就必须重视数学阅读教学。

(5) 符合未来高考命题的趋势

现在高考题中信息题的比例越来越多，更需要学生掌握一定的数学阅读能力。

5. 培养学生阅读能力的过程

过程是相对于学生的学习过程，而不是教师的教学过程。过程是指相对学生来说，是在学习某一知识、运用某一技能、体验某一情感态度价值观的时候，需要经历一个感知、理解、运用或实践的过程。方法即在这一过程中学到某一方法，或运用某种已掌握的方法来进行学习。

教学时要注重"过程和方法"

这是不重视学习过程、只片面注重学习结果而出现的普遍现象。过去，无论是教师还是学生家长及社会舆论，看重的都是学生的最后成绩，而忽视学生在学习过程中的辛勤付出，忽视了学习方法的指导。

教师教学时注重的是如何把知识、结论准确地给学生讲清楚，学生只需全神贯注地听讲，把老师所讲的内容记下来，考试时准确无误地照搬在卷子上就行了。这样把形成结论的生动多样的过程变成语文知识的条文背诵，从源头上分离了语文知识和语文素养的内在联系，导致学生"两耳不闻窗外事，一心只读应试书。"

语文学习已成为学生的一个沉重负担，学生厌学甚至逃学也就是情理之中的事了。这种情况如果得不到改变，语文教学是很难有出路的。

学生学习的过程不仅是一个接受知识的过程，而且也是一个发现问题、分析问题、解决问题的过程。这一过程既是暴露学生产生各种疑问、困难、障碍和矛盾的过程，又是发展学生聪明才智、形成独特个性和创新成果的过程。

　　孔子说："学而时习之，不亦乐乎？"可以看出孔子眼中的学习过程是一个享受快乐的过程。在语文教学实践当中，教师应当与学生建立民主、平等、友好的关系，充分尊重他们的个性及表现，把学习过程中的发现、探究等认识活动凸显出来，让学生经过一系列的质疑、判断、比较、选择以及相应的分析、综合、概括等多样化的过程，真正理解学习内容，巩固知识阵地，这样也有利于学生创新精神和创新思维的培养。

　　对于在学习过程中表现较好的学生，教师要及时地鼓励和表扬；对在学习过程中表现得很努力但结果又不太好的学生，教师也要充分肯定他在这一过程中的表现，帮助找出在学习过程中存在的缺陷，并分析其中的原因，提出改进的建议，让每一个学生都体验到学习过程的快乐，学生学习起来才会有兴趣、有劲头。

方法是学习的钥匙

　　方法是学习的钥匙，好的学习方法能帮助学生轻松地打开语文宫殿的大门。语文新课程标准倡导学生在教学活动中主动参与、乐于探究、勤于动手，给我们带来了很好的启示，完全改变了以前那种强调接受学习、死记硬背、机械训练等简单枯燥的学习方式。

　　在教学过程中，教师应积极引导学生去探索、去体验、去感悟、去质疑、去表达，让学生积极参与讨论式学习、辩论式学习、合作式学习、探究性学习、综合性学习，在各种学习方式中逐步领会和掌握科学的、实用的、灵活的学习方法。

　　教师还可以在课余组织语文学习方法交流会，请优秀学生谈谈自己的学习方法，和大家一起研究语文学习的方法；还可以在各种媒体上收集语文学习的各种经验和方式方法，组织学生一起学习。方法对头了，学习语文也就事半功倍。

过程是相对于学生的学习过程，而不是教师的教学过程。过程是指相对学生来说，是在学习某一知识、运用某一技能、体验某一情感态度价值观的时候，需要经历一个感知、理解、运用或实践的过程。方法即在这一过程中学到某一方法，或运用某种已掌握的方法来进行学习。

6. 影响英语阅读能力的因素

《普通高中英语课程标准》指出："高中英语教学要着重培养学生获取信息、处理信息、分析问题和解决问题的能力，特别注重培养学生用英语思维和表达的能力"。

近几年的高考英语试题不仅加大了阅读量，设题方式也越来越注重对学生深层次阅读理解能力的考查。这既是对英语课程标准要求的体现，也反映出高考试题命题的变化趋势。

因此，大力提高学生的阅读理解能力是高中英语教学的当务之急。本文将探讨影响阅读理解能力提高的原因以及提高学生阅读理解能力的策略。

影响阅读理解能力提高的原因

（1）急功近利的阅读教学

长期以来，很多高中英语教师一直重视培养学生的阅读理解能力，但大多数教师的阅读教学局限于应试为目的的阅读训练，并没有从提高学生获取信息能力的角度进行阅读教学，也没有对学生阅读习惯和阅读兴趣的培养给予足够重视。

不少老师在阅读教学中多采用应试的强化训练模式，导致学生长期处于被动阅读的状态。学生能接触到的阅读材料基本上是教材、试题和复习资料。这些材料不仅形式单一，而且内容陈旧，不能激发学生的阅读兴趣，也不利于提高学生的阅读能力。

教师训练学生阅读的方法基本上是解答高考阅读理解题，学生在教师的指导下阅读规定的材料，然后从设计好的题目中选出最佳答案。在整个训练过程中，学生始终处于被动阅读中，失去了自己的思维空间和思考动力，在整个阅读过程中，阅读仅仅是为了做题目。

另外，不少教师的教学中心失衡。当前的江苏牛津版教材提供了大量的阅读材料，其中的课文不仅在篇幅上有所增加，材料的选择和难易度与以前的教材相比有了较大的改进。虽然新教材具有信息量大、时代性强以及符合中学生阅读心理和兴趣等优点。

但在实际教学中，不少教师仍把阅读材料分解成孤立的语言知识点进行教学，在很大程度上弱化了英语材料的应有功能。另外，阅读能力与学生的兴趣、志向、习惯和意志等非智力因素密切相关，而这些品质显然不能通过单一的应试强化训练来培养。

目前，许多高中教师在阅读教学中更注重利用学生的智力因素，而忽视非智力因素的作用。学生在阅读时也抱着应试的心理，所以阅读质量和效果就自然会大打折扣。

（2）不良的阅读习惯

阅读是理解和吸收书面信息的手段，阅读能力包括阅读理解能力和阅读速度两个方面。快速阅读是在大量阅读训练过程中培养发展起来的。而一些不良的阅读习惯严重制约着阅读速度。这些不良的阅读习惯包括边看边读、复视和"精耕细作"式阅读。

边看边读是影响学生阅读速度的重要因素之一，学生普遍有边看边读的不良习惯。教师和学生都知道朗读的重要性，却忽视了其消极的一面，如果一个学生看什么都要"念"，那么他的读速就永远得不到提高。

边看边读容易使人感到疲劳，"念"书时，学生经常要把注意力分散到一些词的发音上，尤其是碰到生词或者不知其确切发音的词时，学生往往要反复念几遍。这种停顿会影响思维的连贯性，使得大脑对文字信息进行分析、综合、概括的思维不时中断，然后又重新开始。由于大脑负担加重，有效阅读时间必然会缩短，有碍于对文章的整体理解。

边看边读的形式包括朗读、默读和心读。心读时尽管发音器官没有明显的动作，但读书人的心里却在一字一字的念着。无论哪一种程度的边看边读都有碍于阅读速度的提高，长期以往，既降低阅读速度，也影响阅读理解能力。

复视习惯也影响阅读速度。复视就是重复阅读某些单词或句子，复视次数频繁必然会影响阅读速度。阅读理解能力差的学生经常重复阅读刚看过的单词和词组。这不仅是因为他们的语言水平较低，其中还存在着一些心理障碍，即他们对自己的阅读能力缺乏信心，总以为没有看懂，阅读时不去努力探寻文章的基本思想和内容，而是抓住一个一个单词不放。阅读能力强的学生也会复视，但他们只是偶尔重复阅读某些关键性词句。

阅读能力差的学生的复视行为往往是习惯性的，次数相当频繁，即便是一些熟悉的词语或不难猜测其含义的生词也要往返阅读。

另一个影响阅读速度的习惯是"精耕细作"式阅读。许多学生英语阅读能力较弱，主要原因就是他们长期习惯于"精耕细作"式阅读方式，无论看什么文章，都喜欢逐字逐句地读，跳过几处难点总觉得心里不踏实，并过分依赖字典。

不少学生认为看一篇文章最好是能彻底弄清其含义并掌握其中几个有用的句型及新词，否则就是一无所获，浪费了宝贵的时间，此观点有很大的片面性。

把注意力过分集中于"精耕细作"式的阅读上有碍于学生知识面的扩大，也不利于培养学生在快速阅读过程中准确抓住文章中心大意的综合概括和理解能力，因而在极大程度上影响了阅读速度。

提高英语阅读能力的策略

造成学生英语阅读能力不强的原因是多方面的，其中有应试教育的影响，也有教学思路陈旧、教育观念滞后以及不良的阅读习惯等诸多因素的影响。作为一个英语教师，应该从教与学的实际出发，提高认识，解放思想，更新观念，拓宽教学视野，改进教学方法，帮助学生提高英语阅读能力。

（1）提高认识，拓宽视野

未来社会需要的人才不是可以容纳大量知识的"机器"，而是能从知识的海洋中提取、分析和处理信息的"高手"。这就需要教师设法让学生带着目的去阅读，并获取所需的信息。同时，教师还应引导学生尽可能多地利用网络资源进行阅读，以拓宽学生的视野，增加他们的阅读量和拓展获取信息的途径。

（2）注重实际，激发兴趣

心理语言学认为，内在动机是持续学习和取得优异成绩的真正动力源泉，而内在动机是由兴趣产生的，因此，兴趣是学好语言的关键，兴趣是成功的基石。正如一位名人所言"有了兴趣就等于成功了一半"。

培养学生阅读能力的重要途径之一是激励学生对阅读产生兴趣。这就需要有意识、有计划地指导学生阅读，引导学生积极阅读；另一方面要通过多种渠道和途径实施阅读教学，培养学生持久的阅读兴趣。

（3）精心选材，难易适中

许多学生在做阅读理解题时普遍存在畏难情绪。要使学生对阅读有兴趣，选材非常重要的。首先，难易要适度，材料过分容易，学生读起来没有兴趣。过深过难，学生虽然读了，但不能理解其内容，就失去了阅读的意义，也会使学生丧失信心。难易程度以阅读后理解的正确率达到70%～80%为宜，低于这个比例的材料就偏难，高于这个比例就太容易。太难太易都不利于阅读能力的提高。

在具体的阅读训练中，教师应根据文章篇幅的长短和内容的难易程度，科学地设定阅读时间和检测题目。对于篇幅较长、信息量较大但难度适中的阅读材料，可以采取快速阅读的方式，只要求学生捕捉重要信息和理解文章大意即可。

对于句子结构较复杂且生词较多的阅读材料，可以让学生通过查阅字典和上网搜索等手段自主学习，让他们亲自经历解惑释疑的过程，并充分感受成功的喜悦；对于反映社会深层问题的阅读材料，可以设计思考型问题，以培养学生分析问题的能力；对于体裁和结构清晰的阅读材料，应让学生了解不同文体的写作方法和技巧。

（4）立足课堂，活用教材

高中英语教材中的课文是教学的中心，因此，教师应善于结合不同体裁和题材的文章，以提高学生对阅读材料的整体理解和把握。

教师应根据文章的体裁引导学生从不同角度关注材料的细节，并获取有用信息。阅读记叙文时，教师应要求学生把握五个要素，即时间、地点、人物、事情经过和结果；阅读人物传记类文章时，应要求学生抓住文章的主线，注意时间词和方位词的运用、人物的年龄和出场顺序以及人物间的关系；阅读说明文和科技小品类文章时，教师应要求学生注意文中事物的名称、日期、数字比较、功能和作用等；阅读新闻报道时，教师应先让学生确定行文方式是顺叙、倒叙还是插叙对文中的数据不能简单地类加，对文中提到的地点方位要找准大的参照物等。

注重方法，讲究策略

考试题允许有不注汉语的生词，这就要求教师在平时指导学生时告诉他们，如遇到生词，切勿惊慌，只要抓住一定的线索，运用一定的方法，就可以猜出其意思。

猜词的方法有多种多样，可根据构词法知识、定义或解释说明来猜测词义，也可根据对比关系、因果关系以及上下文暗示来猜测词义。

要求学生遇到较易的题时，要快中求稳；遇到难题时，要冷静思考，慢中求对。如遇到个别难题，知道在哪个段落，就指导学生直接阅读该段落。另外，在阅读一遍后，不妨再回到该段落，对其中的细节结构再进行仔细推敲，最后选出最佳答案。

在阅读过程中，教师应提醒学生避免一些不良阅读习惯。改朗读为默读，因为正常的默读速度要比出声朗读的速度快两倍以上。因此，培养学生用眼和脑快速扫视的阅读习惯很重要。

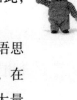

改心读为默读，教师必须努力使学生在阅读时养成直接用英语思维的习惯，因为心读同样影响阅读速度。改复视重读为自信阅读，在树立能读懂的自信心同时，还要强迫自己的目光从左到右移动或大量阅读难度适宜的读物，这样学生就不会因遇到生词或不太懂的词语、句子或段落而回过头来再看，以克服复视的不良习惯。

改"精耕细作"阅读为按意群默读，教师应培养学生快速阅读，让眼睛在每次停顿前，尽可能地多看几个词，把注意力集中在了解文章的大意上，不逐字去抠意思。另外，还可以让学生熟练掌握固定短语、句型、习惯搭配，以短语或句子为单位把文字送入眼睛输入大脑。

总之，正确的阅读教学方法有利于学生提高阅读技能。教师只有通过研究学生的认知特点和阅读策略，才能制订出切实可行的阅读教学法。当然，学生掌握了阅读策略并不等于阅读水平就一定会提高。

学生的年龄、性别、兴趣、认知风格、性格差异和已有的学习经验都会对阅读理解产生影响。教师应充分重视这些因素，并加强对学生的个别指导，并持之以恒地坚持下去，才有效地提高其阅读理解能力。

7. 提高英语阅读能力的方法

阅读的过程是对语言的认知过程，阅读有助于巩固和扩大词汇、丰富语言知识、提高运用语言的能力。阅读可以训练思维能力、理解能力、概括能力与判断能力。"侧重培养阅读能力"是教学大纲规定的英语教学目的之一，是培养学生理解和运用英语技能的一个基本方法，又是落实英语交际实践性的主要途径。

英语阅读就是读者利用相关的英语知识和非英语知识去解读包含一定英语知识和非英语知识的阅读材料。英语知识是指读者英语语音、词汇、语法以及篇章知识的总和；非英语知识是指读者英语知识以外的背景知识，即直接或间接获取的知识经验的总和。

加强阅读训练可以为学生创造大量获取语言知识和大量运用语言的机会和条件。在课内外的阅读中既可培养学生对语篇进行分析、综合并从中获得信息的能力，也能培养学生的审美情趣，学会欣赏英语文学作品的美，通过自然渗透，陶冶学生良好的情操。

近三年来，高考英语科目对考生阅读能力的要求越来越高，主要体现在以下方面：阅读量加大、生词数增多、猜测词义分量加重、强化了语段、语篇分析。如何提高学生阅读理解水平及解题能力，以适应新的要求？

快速阅读训练

要达到《中学英语教学大纲》二级目标关于"读"的要求，教师应通过课文教学，补充阅读量，对学生进行快速阅读训练，使他们掌握阅读技巧，从而提高理解能力。以下是快速阅读的几种方法。

（1）养成泛读的习惯

培养泛读习惯，要从课文教学抓起。每教一篇课文时，可以先让学生进行限时阅读，然后做阅读理解题。在整体吸收的基础上，要求学生对课文进行分段研读，在教师的指导下，掌握课文中的重点词语、句型和惯用法。泛读与精读的紧密结合，旨在形成能力。

帮助学生选好读物，是培养泛读习惯的关键。教师可帮助学生确定阅读目标，制订出科学的适合不同学生特点的阅读计划，以此来规范学生的阅读行为。选择读物时，应体现内容的思想性、广泛性、新颖性和有趣性，体裁和题材的多样性，从而激发学生的兴趣，增强他们搞好阅读的信心，扩大词汇量，提高阅读水平。

（2）养成"成组视读"习惯

为了加快阅读速度，学生要养成"成组视读"的习惯，要训练"扫视"意群、短语、句子甚至段落的能力，逐步改变一眼只看一个单词的习惯。同时，要避免指读、顿读、出声读、回读等不良阅读习惯。

（3）养成计时阅读习惯

每次进行5至10分钟，不宜太长。要从阅读心理和阅读能力等方面确定阅读时间。长期坚持，学生的阅读速度会大大加快。

提高解题技巧

对于阅读理解中碰到的生词一般采用猜测的方法来解决，人名、地名、组织机构名除外。词义猜测是提高阅读理解能力的一种最基本的方式，也是一种非常重要的方式方法。

近年来，阅读理解题加大了分量，反映了高考加强对考生学习能力的考查。猜测词义的方法通常有两种，即根据上下文和构法知识。

段落的构成有其内在的规律性，其中心思想往往通过段落中的主题句来体现。因此，掌握这一规律，迅速找出主题句，从而抓住中心思想，达到感知整个语段的目的，对提高阅读理解能力大有益处。

推断题是考查学生通过文章表面文字信息进行分析，学生不仅要弄懂文章的字面意思，更重要的是要知道文章的潜在意图，作有根据的猜测。

阅读理解是英语语言运用能力的一个重要方面。这是一种从理论到实践的检测。阅读要讲究方法，理解要讲究技巧。但所有的方法、技巧均是建立在语言基本功基础上的，不能唯技巧唯方法。只有辩证地运用方法、技巧，才能避免阅读教学中的种种极端，才能真正提高学生的阅读理解能力。

激发学生阅读兴趣

"兴趣是最好的老师"，兴趣是人们爱好某种活动的倾向。学生对英语越有兴趣，学习积极性就越高，自觉性就越强。因此，在教学中要不断激发学生对英语的兴趣。教师应采用各种生动、有趣的教学方式激发学生学习英语的兴趣，如充分利用直观教具和电教手段为学生创设英语学习环境，增加气氛，激发学生的学习兴趣。

同时，坚持用英语组织课堂教学，用优美的语音、语调去感染学生；用风趣、幽默的语言去启发学生。选用实用、生动、有趣的例句，使学生在轻松愉快中获得知识；同时尽可能多地为学生创造语言实践的机会，如让学生用英语做值日报告，情景会话，教唱英语歌曲，做游戏，英文短剧表演和组织英语竞赛等。

让学生用学过的词语或句型表情达意，充分满足他们的表现及创造的欲望，使他们享受到英语学习的乐趣，从而产生强烈的学习要求和持续饱满的学习热情。另外，还可以通过介绍英语背景知识、讲英文笑话和国外趣闻等，激发学生对英语的兴趣，引起学生阅读的愿望，使学生想读、爱读，从而收到阅读课事半功倍的效果。

进行系统的语法训练

决定英语阅读理解能力的因素很多，人们普遍认为，词汇量、文章的背景知识、阅读技巧的运用、母语阅读能力等都与英语阅读理解相关。就非英语专业学生而言，英语阅读理解的好坏主要是看学生的词汇量，词汇量越大，理解得就越快越好。

如果学生达不到一定数量的词汇，就难以运用、分析、归纳、推断等能力。因此，要提高学生的英语阅读理解能力，教师应本着促进学生对词汇学习由自发向自觉转化的原则，从构词法，一词多义，一词多译等方面来扩大学生英语词汇量，教会学生根据上下文和词根、词缀等猜测词义，为阅读理解扫除障碍。

阅读不是一种孤立的语言技能，它在掌握了解一定量的词汇的基础上还必须具备一定的语法。高职学生掌握的语法并不全面，因此有必要对他们进行系统的语法训练，特别是加强疑难句的分析与理解。而理解疑难句的关键在于把握句子的主干，掌握各句子成分之间的结构和逻辑关系，最终抓住句子的核心意思。

提高语篇分析能力

词汇、语法知识的掌握是英语阅读理解的先决条件，词句理解则是阅读理解的基础。学生的阅读理解的基础提高与否，关键要让学生学会对语篇的分析技巧。这是因为，它能培养或激发学生的创造性思维，有助于提高学生的语言能力和交际能力。

因此，在英语阅读教学中，教师所选用的阅读材料在题材上尽可能的涉及日常生活、传说、人物、社会、文化、史地、一般科技、政治和经济等；在文章的体裁上，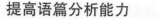应避免单一化，选用叙述文、描写文、说明文、议论文和应用文等。

与此同时，教师必须对学生进行文章体裁特点的详细分析，先结合文章标题和相关背景知识预测文体和主题，接着略读课文，验证预测情况，并通过问答、简述、绘图、列表等方法概括文章主要内容，掌握文章的中心思想。

然后分段阅读，找出各段主题句和各段大意之后，再查读课文，指出文章的转折词或过渡语，分析其逻辑顺序和作者的行文思路，同时把语言知识的学习渗入篇章之中。

最后让学生细读课文，体会字里行间的深层含义，进入更高层次的理解。使学生熟练地把整体阅读的方法运用到他们英语阅读中，提高他们的理解能力。

强化学生的阅读速度练习

阅读理解和阅读速度是阅读效率的两大因素。要提高学生的阅读效率，一方面必须加强对学生的快速阅读训练。快速阅读是一种行之有效的阅读方法，对培养学生提高阅读速度和理解能力具有建设性作用；另一方面，教师在教学中还应全面地培养和训练学生的阅读技能和技巧，教会学生在阅读时如何运用略读和跳读两种快速阅读方法获取信息的能力，鼓励学生利用预测、联想、类推和运用语言规则猜出文章的意思，使学生运用所学知识分析问题、解决问题的能力得到锻炼。

为提高阅读速度，可以采取随机方法来确定阅读训练的内容，让学生在规定时间内完成阅读和练习。阅读时要求学生集中精力，全神贯注，不能查字典和其他工具书，以提高阅读速度。

学生读完文章做完练习后，由教师宣布答案，同学换卷评分和报告分数，教师作好登记，随时掌握学生阅读速度和阅读理解两方面的进展情况。一旦发现问题就即时加以解决，然后，教师对文章中的一些语言难点、语法结构和文化背景知识加以点拨和启发，拓宽学生的知识面。

培养学生的英语文化基础

在阅读过程中，如果学生缺乏一定的文化背景知识，即使能认识每一个单词，也不一定能正确理解文章的含义。大量的语言试验说明，英语阅读的障碍不仅仅存在于词汇和语法方面，语言所承载的背景知识和文化信息也是阅读理解的主要障碍之一。

语言是文化的重要载体，语言与文化密切联系。长期以来，在英语教学中语言和文化的这种关系一直未得到足够的重视。而实际上由于不了解语言的文化背景，不了解中西文化的差异，在英语学习和用英语进行交际中屡屡出现歧义误解频繁，语用失误迭出的现象。

总之，阅读可以说是一个人的语言知识、背景知识和其他专业知识相互作用的过程，是根据已有的语言材料、文化知识和逻辑推断进行推测和纠正的过程。

因此，教师只有引导在教学中，教师只有充分调动学生学习的积极性，不断克服阅读过程中的不良习惯，鼓励学生正确运用阅读方法和技巧，不断加大阅读量，扩大英语词汇量，才能真正提高阅读水平。

8. 提高语文阅读能力的技巧

当拿到一本书，应该在基本了解这本书的大体内容后，再决定是否值得花时间去读。那么，有没有一种提高语文阅读能力的方法呢？

快速阅读法

快速阅读法的关键是在瞳孔不运动的瞬间，能感知到较多的词汇量，如同我们平时所说的"一目十行"。通过快速阅读的练习，就能很快抓住关键词语，理解句子的意思。

比如在阅读"那么，有没有一种快速阅读的方法呢？"时，只要抓住"有没有""快速阅读"这两个关键词语，就理解这个句子的基本意思了。

据说，阅读推理小说能够提高阅读的速度。推理小说故事吸引人，进入大脑的单词量自然比内容深奥和陌生的书要多一些。像这样的书在休息时或睡觉前阅读，不但不是负担，还能使你掌握速读方法，对阅读其他书大有帮助。

拿到一本书，先看书的标题和副标题、作者和出版者、编者的话和关于作者的说明；然后，浏览目录，阅读内容提要、前言或后记；最后，以跳读的方式大体翻阅全书，并注意出现在章节始末的小标题。

这样，就能基本了解这本书的内容，然后再决定是否值得花时间去读。有时为了寻找某些资料，筛选出自己想了解的信息，也得运用快速阅读法。这种阅读，要把自己想了解的信息牢记在心中，尽快移动眼睛扫描阅读，并注意运用标题、缩行、不同字体的标示等，帮助自己搜寻所需的资料。

除了运用浏览的方法快速阅读外，对长篇文章还可以采用预读的方法。所谓预读，就是当你读一本书的时候，可以先看开头的两段。接着只看以下各段的第一句，然后将最后两段逐字逐句读完。这样的预读可以使你迅速对文章的内容有一个概括的了解。

另外，还可以采用群读的方法进行快速阅读。所谓群读，就是能使你在阅读时，一瞬间不是看一个字，而是看一个或是几个词汇。当然这种快速阅读的方法要进行一段时间的训练，才能做到。你可以找一篇比较通俗易懂的短文来进行"群读"，训练自己一次能"扫视"上3至5个字。这样经常进行训练，阅读速度就能大大提高。

细嚼慢咽法

运用快速阅读法，可以在较短时里读较多的书，开阔眼界，扩大知识面；而细嚼慢咽的读书法，可以帮助你透彻理解文章的精神实质，巩固知识。两者是相辅相成的。

17世纪英国哲学家培根说："有些书可供一读，有些书可以吞下，有不多的几部书则应当咀嚼消化；这就是说，有些书只要读读它们的一部分就够了，有些书可以全读，但是不必过于细心地读；还有不多的几部书则应当全读，勤读，而且用心地读。"

我们精读一本书，可按"浏览、发问、阅读、复述、复习"五个步骤进行。首先，看一下书的目录、前言和章节提要。这些内容是作者用来提纲挈领的点明主题、主旨、主要思路的。从中还可发现作者论述、证明的纵横脉络。

有许多人一本书读到底，能够复述其中零星字句，却无法概括读书的主要内容，如同没看没读一样。养成通览全书的习惯，你会发现自己在读书时，将进入一个崭新的天地。即使曾经读过的书，重读之下也会有旧友、新知之感。

其次，在正式阅读之前还可给自己提问：我为什么要读这本书？这本书中的哪些内容是新鲜的？其中的哪些论点及论述方法又是我尚未了解的？等等。心中有了这些疑问，再去看书，就能有的放矢，尽快抓住书本的精髓。然后是阅读，心中有了框架，围绕自己的问题进行阅读，而不只是认字、默念或简单记忆。

复述也绝不是逐字逐句地硬背，而是回想所看内容的提要，用自己的话表述出来。这不仅能加强记忆，而且能加深对内容的理解。最后的复习，是在整本书读完之后，再回过头来对整个材料做全面的思考和讨论，可以与曾学过的其它材料进行比较。

作家茹志鹃曾经说："书，光看是不行的。看了故事情节等于囫囵吞枣。应该读，读，就仔细多了。然而读还不够，进而要煮。'煮'是何等烂熟、透彻，不是一遍两遍可成的。"她所说的"煮书"就是精读、熟读，一直读到心领神会，恍然有得，从而获得更深层次上的记忆和理解。

俗话说："熟读唐诗三百首，不会作诗也会吟。"熟读、精读的过程是一种积累。熟能生巧，积累多了，妙处也就显露出来了。

圈圈点点法

首先要说明的是，不要过分爱惜书籍。有的同学买来新书，马上用包书纸包好。我觉得一本封面设计得很漂亮的书，包上了包书纸，既是一种浪费，也不容易识别。当然给天天要使用的课本穿上外衣不在此列。有的同学看书时又舍不得在上面圈圈点点，这其实不是阅读的好习惯。

读书要动笔，所谓"不动笔墨不读书"。鲁迅先生提出读书要"眼到、口到、心到、手到、脑到"。读书动笔，能够帮助记忆，掌握书中的难点、要点，有利于储存资料，积累写作素材；也有利于扩大知识面，提高分析综合能力。

你有作圈点笔记的习惯吗？在阅读属于你自己的书籍时，你可以随时在书的重点、难点，精彩之处，划线或做各种符号。如直线、双线、圆圈、黑点、交叉、箭头、曲线、红线、蓝线、方框、疑问号、惊叹号、大于号、小于号等等。

有些精读的书，还可以用不同颜色的笔划线，以示区别。比如，在重点行下面划上红线，在难点行下面画蓝线等等。每种线条和符号代表什么意义，应由你自己来掌握。

读记结合法

为了帮助阅读，除了在书上圈圈点点，你还可以作些批语笔记、摘录笔记、提纲笔记。批语笔记是在阅读时，在文章的"天头"、"地脚"和其他空白处，随时写上自己的一些看法或体会。这样做的好处是便于以后阅读时提醒注意，这是一种灵活、简便的读书笔记的好形式。清代金圣叹批点《水浒》、毛宗岗评点《三国演义》，都属于这一类读书笔记。

摘录笔记，可以摘录在本子上，也可摘录在卡片上。摘录时应注意不要断章取义，不要改动原文的字句和标点，最好自拟一个不违背作者原意的确切标题。

提纲笔记是把文章的提要写出来，力求抓住重点，概括出基本内容。文字须简明扼要，但注意不要把自己的看法和感想写进去。提纲笔记对以后自己在写作中资料的运用会很有帮助的。

读书的过程，不要忘了动笔。读记结合，能够帮助你更好地理解作品，更好地掌握作品的精华部分，特别对以后的再阅读带来很大的方便。

读书笔记法

读了一本书或一篇文章以后，把自己体会最深刻、最有意义的部分写成心得笔记，是一种很好的读书方法。心得笔记的形式多种多样，没有固定格式，可以先"读"后"感"，可以边"读"边"感"，也可将提纲笔记和心得笔记合在一起写出。

读书动笔，是一种很好的读书习惯。读书写作有三种方法：一种是蚂蚁式，专门搜集人家的成品，搬运在一起；一种是蜘蛛式，阅读的东西不多，凭自己腹中有限的材料来编织文章，总有枯竭之感；还有一种是蜜蜂式的，不断吸取群芳的精华，再经过自己的消化，辛勤酿造而成。不用说，蜜蜂式的读书写作方法，是最好的方法。

平时口袋里总是带着小本和笔。有时读报、翻看杂志，看到值得记下来的，就及时掏笔记下；有时不方便，简单地记上几个能帮助联想的词汇就行。到晚上整理笔记时，再分门别类。可别轻视了这样点点滴滴的积累。

俄国作家果戈理曾说："一个作家，应该像画家一样，身上经常带着钢笔和纸张。"希望你能坚持写读书笔记，把自己阅读所得记录下来。它能锻炼你的阅读理解能力和文字表达能力。我们平时读到的一些作家的随笔，大多是记录他们对某件事、某个人、某本书的感想。这样的读书笔记，是很有价值的。革命导师恩格斯的《反杜林论》、列宁的《国家与革命》，其实都是他们的读书笔记。

笔记本是读书的得力助手，它的功能是摘抄学习重点，记录自己的理解和体会。正确地使用笔记本，才能更好地发挥它的功用。笔记本最好只用半边，另半边留下作空白，以备作补充或注解及提示用。另外要在笔记本的封面上记下笔记本的类别，还要在第一页上标明本册笔记的目录。"不动笔墨不看书"是前人读书的经验之谈，很有道理。愿你在实践中，能真正体会它。

默读朗读法

读，包括默读和朗读。默读的速度快，快速略读、浏览、群读都得依靠默读来完成。当我们进入精读状态后，更离不开默读。这时的默读，不能一目十行地扫描，而应该逐字逐句地去读。

默读不像朗读，需特别把握的是认真、专注。因为朗读时遇上拗口的字、词、句，遇上生字、别字，非得停下来疏通了才能往下念，而默读对难点则可以跳过去。如果养成了在默读中什么都可以"跳"过去的习惯，时间长了，那你将会遗漏很多"知识点"。

为了更有效地读书，或者读更多的书，默读可掌握这样5个要诀：

（1）带着问题去读书

在读书之前，思考一下自己从这本书中需要了解什么、得到什么。然后一边阅读一边寻找自己想要得到的信息，快速找到自己需要的内容，其他的便一带而过。

（2）从感兴趣的章节开始读

枯燥的，你不感兴趣的地方，跳过去，从自己感兴趣的精华、精彩处看去，从作者正式阐明的观点，自己想了解的内容入手，然后紧紧抓住其主要部分进行精读。从感兴趣的地方读起，可节约时间，多读些书，还可以避免一下子遇到过难的内容，半途而废。

（3）重点地方夹张纸条

夹纸条省力省时，下次翻到那一页时，想想当初为什么在此夹纸条，容易加深记忆。

（4）训练默读

有人喜欢出声读书。其实，人说话的速度再快，一秒钟也不能读10个字。超过这个界限，就听不懂读的是什么了。视觉接受的信息速度快而且量大，最高每秒20多个字。要是边读边理解，每秒只能记住5个字。默读的方法可以大大提高阅读速度。默读不是在心里一字一句地读，而是用眼追逐文字的同时，理解其中的意思。

（5）多读推理小说能训练阅读速度

推理小说故事吸引人，进入大脑的单词量比内容深奥和陌生的书要多一些。像这样的书在休息时或睡觉前读一些，钻进文字堆里，不但不是负担，还能使你掌握速读方法，对阅读其他书籍大有帮助。

朗读背诵法

朗读，是在理解作品的基础上，用有声语言对作品艺术的再创造。对朗读者要求深刻地把握作品的实质，通过发声技巧及节奏、语调的综合运用进行艺术再现，这需要通过一定的训练方能达到。朗读式训练方法就是这样一种有成效的方法，它包括低声读、高声读、快速读、模仿角色读、面对听众读等。

（1）低声读

要求低声细吟慢读，领会所读作品的内容。在低诵中细细揣摩作者传情达意的文字技巧和表现方法。这种方法常用在读优秀的诗歌、散文、戏剧和小说片断。

（2）高声读

通过高声诵读传达出作品的内在情感和意蕴。在诵读的基础上对佳句、佳段甚至全文全篇作背诵，既加深对文章的理解又加强记忆。

（3）快速读

在限定的时间内快速诵读作品，并且逐次加快速度，最后做到一气呵成。它可以训练高度灵敏的思维、极好的记忆和口才。

（4）模仿角色读

在阅读文学作品时，自己模仿演员扮角色，揣摩各种人物的语气、语调、心态和神情，使自己进入角色，高声、反复朗诵台词，找到身临其境的感觉。

（5）面对听众读

面对听众读是要求你面对听众，比如你的同学或是家人，有声有色地朗读。朗读，是一遍遍地念，直到读熟为止。

9. 提高物理阅读能力的方法

随着《新课程标准》的实施，为了减轻学生的压力，考试的方式也更加灵活多样，给予学生更多的自主选择空间。伴随着考试题目的创新。对学生阅读能力提出了更高的要求，学生如何快速读懂题目，领会题目的内涵，这就要求教师平时要加强学生阅读能力的训练。

课堂教学是教学工作的中心环节，也是提高学生阅读水平的关键一环。根据课文中的具体物理现象、物理故事、物理规律的描述等阅读内容，联系生活实际，创设教学情境，让学生在这个情境中去感悟、去思考，达到阅读理解的目的。同时，也可以使学生尽快形成并掌握正确的阅读方法。

适量预习，带着问题阅读

学生的阅读能力有限，放手让他们在课前阅读，在这种漫无目的的阅读中，他们往往因为抓不住重点而一无所获，时间久了，课前阅读就会成为学生为了应付老师的无奈之举，名存实亡。这样的阅读是在扼杀学生的学习积极性，阻碍了学生对物理知识的探究欲望。

因此，在新课教学前，根据教学内容，适量的预习。题目的答案可以通过阅读课本获取，也可以通过上网查询。对于学生在阅读中不明白的问题，作为课堂教学的重点去讲解。这样大大提高了教学效率，也使学生听课有一定的目的性。

精读、粗读多种方法共举

对浅显易懂或一般性的知识，如匀速直线运动、噪声的控制、光的直线传播以及为拓展学生视野而设置的 STS、科学世界等内容，可以粗读，了解基本内容或科学技术与社会发展之间的关联；对学生中遇到的重要的、难以理解的概念、规律、各种测量工具使用方法、实验探究过程的设计等，要咬文嚼字，仔细推敲。

如定义功时，把力和在力的方向上移动的距离的乘积叫做功。阅读时要咬住关键词力的方向上移动的距离，还要仔细推敲功的含义是什么？又如天平的使用方法中在左盘放好准备称量的物体，向右盘中尝试着加砝码时，应该先加质量大的还是先加质量小的？当然这里左盘放物体，右盘加砝码是关键词，还要仔细推敲出先加质量大的后加质量小的，不这样做又会出现什么情况？

再如牛顿第一定律"一切物体在没有受到力的作用的时候，总保持静止状态或匀速直线运动状态"，若把"或"换成"和"，意思就完全不同了，"或"表示只在运动和静止两种状态中存在一种状态，而"和"表示两种状态并存，这是不可能的。

带着问题阅读，阅读中提出问题

通过课堂教学，学生对所学内容已经有了一定的认识，但并不能全盘接受。回到家中，在做作业之前带着问题读书，能让学生的阅读有目的、有针对性地进行，学生在阅读的过程中思考，就会有一种成功的喜悦，也能提高阅读的兴趣。

物理教材每章开头都有两三个问题，许多章节设置了想想议议，每节都有大量的导向性问题，如人耳是怎样听到声音的？什么是立体声？为什么通过光缆可以观看有线电视？有人说融雪的天气比下雪时还冷，这种说法有道理吗？学生见了这些扣人心弦、关键而奇妙的问题，会信心百倍地阅读课本，从中寻找出问题的答案。

阅读只是给我们提供一些知识素材，是把思考所读的内容变成我们自己的东西。思考过后必然会提出大量的新问题，教师在引导学生阅读中不仅要充分利用课本中已有的问题，而且要善于抓住时机启发提出这样或那样的新问题，并从阅读课本中找出答案，从而猎取和升华知识。

例如：力可以使物体发生形变，也可以使物体的运动状态发生改变。适时提出：这里运动状态指什么？状态发生改变有哪几种情况？通过这样的提问，学生阅读课本经过思考找出答案，变成自己的东西。

新编物理教材特点之一就是大量插图的增加，其中大多又采用适合青少年心理特点的卡通漫画绘制手法，形式多样，在教材结构中起到了画龙点睛的作用。在阅读中，引导学生注意插图与文章的联系，以阅读文章来诠释插图，以阅读插图来丰富文章的内涵，使学生如闻其声、如临其境。

俗话说："不动笔墨不读书"、"眼过千遍不如手过一遍"学生阅读时要在教材上做好勾、划、批、注等标记。如对热量这一概念，阅读时可注解为：它不是状态量，热量是能量交换的表现，是个过程量。它存在于物体吸收、放热这一过程中，一个物体谈不上热量。

诱导、强化训练，养成阅读习惯

习惯是在一定情况下，主动化的进行某种活动的特殊的心理倾向。

阅读教学要走出目前费时低效的境况，物理教师应牢固树立以学生为主体的观念，努力在阅读教学中培养良好的阅读习惯，从习惯上做文章，学会读书，使其终身受益。

（1）启发阅读的自觉性

启发阅读的自觉性，增强形成阅读习惯的心理动力。阅读的自觉性是提高阅读能力、养成习惯的先决条件，只有让学生产生了读的欲望，才可能自愿去读。

教师要不断的教育学生，让他们把阅读视为生活中不可缺少的组成部分，让他们感到阅读是生活的一种自然，形成一种习惯，有空就读。在阅读过程中要尊重学生的独特体验，尊重他们多样的阅读兴趣，让他们培养良好的阅读习惯，在潜移默化中培养、提升阅读能力。

（2）用好教材这一载体

新课教学中，以旧知识为基础，以旧启新。结合旧知识给学生设置一定的疑念，留足够的阅读空间，让学生带着疑问阅读教材，解决新问题。

对重要的概念规律和重点内容，让学生反复阅读，认真思考，从教材中找出其内涵，准确地理解掌握。在章节复习时，要求学生在阅读教材的基础上，用简练的文字或直观的图表等就某一内容进行高度概括，归纳要点，让学生通过阅读不断解决问题的过程中养成良好的阅读习惯。

（3）欣赏课外阅读材料

赏析课外阅读材料，增加物理阅读深度，促进学生课外阅读的习惯，提高物理阅读水平。课本仅仅是学生阅读内容的一部分，为了开阔学生的视野，

为了给学生学习物理提供宽厚的知识背景，增加学生知识的深广度，教师应鼓励学生广泛阅读。一是，多读一些与物理课程联系紧密

的书、报、杂志，从中汲取更多的营养；二是，多读一些科普书籍，如介绍物理学发展史、物理学家的事迹、物理学在现代化建设及实际生活中应用的报刊、杂志、书籍等。

通过广泛阅读，不仅使学生在无意识中积累了科学知识，接受科学方法的熏陶，而且增加了学生的学习兴趣，培养了学生的科学态度及科学的思维方法。

（4）学习制作、发明

开展小制作、小发明的评比活动，培养学生的阅读热情。物理来自于生活，服务于社会，给学生提供一个展现的舞台，学生将会投入更多热情来获取更高层次的知识。

培养良好的阅读习惯绝非易事，是一项循序渐进的长期工作，应该从整体着眼制订整个初中阶段的培养计划，然后分学期实施。只有反复的、严格的训练，才能培养良好的阅读习惯。教师要加强检查、督促，必要时进行耐心的个别指导，对于缺乏恒心的学生，既要严格要求，又要发现其点滴进步，及时加以鼓励。

古人云："得一鱼可饱一餐，得一渔则可饱食终生。"培养提高初中学生学习物理的阅读能力，是为学生的继续学习、为将来构建创新的平台打下基础。重视物理阅读，培养学生的阅读能力，是培养学生自学能力的前提，是终身教育、终身学习这种现代教育思想的体现。

只要让学生在反复阅读教材中逐步学会自我学习的方法，学会独立研究问题和独立解决问题的方法，自我更新知识的能力就能得到提高；只要让学生的阅读习惯有所改善，课堂上明显沉得下来，学习主动性增强，掌握概念和公式的准确率有所提高，解题时对题意的理解更全面，学习中也就会发现问题、提出更多的问题。

10. 现代文阅读的解题技巧

学生在做现代文阅读类的题型的时候，要理清文章的思路，文章的每一段、每句话归根到底都是为阐明中心服务的，都归向文章的主旨。平时要学会为文章标段，归纳每段意思，归纳中心思想，往往行之有效。

纵观全文，把握主旨

找寻、读懂文章中关键的词句，特别是那些体现作者立场观点、反映文章深层次内容、内涵较丰富、形象生动的词句。尤其是文章的开头句、结尾句、独立成段的句子、比喻句、连问句、过渡句、抒情议论句，文章的主旨常常隐含其中。

不要急着去做题，在进入题目之前，必须读两遍文章。第一遍速读，作快速浏览，摄取各段大概意思，建立起对文章的整体认识，集中解决一个问题：选文写的是什么？第二遍精读，仔细阅读每句话，揣摩、参悟一些重要的句子、段落，对文章的主旨产生一定的认识。

画出在文章的结构上起过渡、连接作用的词语、句子、段落，画出各段落中的中心句，尤其注意段首、段尾，这些词句往往就是回答问题时需要重点研读的，通过找重要的词句进一步理解文章的思路，结构的层次。

心中要有文体意识，找出画龙点睛的句子。作为托物言志类的哲理性散文，在叙述和描写中总有一些议论和抒情的语句，阅读时一定要善于抓住议论抒情的句子去把握文意，尤其注意文章结尾的议论抒情，它们往往就是全文的主旨所在。欲速则不达，一定要读懂文章再做题，坚决杜绝走马观花式的阅读。

认真审题，定向扫描

做现代文阅读主观题的关键在于准确地审题，抓住了审题这个关键，就找到了答题的诀窍。现代文阅读的审题，就是要仔细分析题干，把握题目要求，即把握题干中包含的与答案相关的各种信息。这是答题的第一步，也是最关键的一步。

题干一般由两个部分组成，一是文章作者的话，一是命题者的话。设置题干的目的，主要是限定答题内容，同时，命题者为了使考生不至于茫然无绪，往往又会在题干中提示答题内容在文中的位置，甚至限定了在哪一段或哪个句子中。这样我们就可以根据题干的提示，找出每一道题的出题点，锁定答题区间，具体到段、句、词。

只要找准了原文中的相关区域，认真揣摩上下文的文意，准确抓住关键词句，准确地把握住答案的有关信息，大多数题目的答案是能够在原文中找到的。题干提示了答题范围，题干规定了答题角度，题干提供了答题思路，题干隐含了答题信息，题干体现了答题规律。

筛选组合，定向表述

文学作品阅读多为主观题，其题干不仅能显示答题的区域，还能显示答题的方式。要站在命题人所"问"的角度回答问题，问什么答什么，使所答充分、到位、准确、有条理。整合时，一定要确保文通句顺。

（1）弄清题干的态度或倾向

遇到的题干如果是否定形式，就采用先反后正的答题方式，避免遗漏要点；遇到的题干如果是肯定形式，就采用正面的答题方式。

（2）弄清题干的语言构成形式

题干的结构，是表意的外在形式，暗示着语句含义由哪些方面构成，分析结构可以提示考生答题时如何组织好语言。

（3）弄清题干中作者和命题者的话

题目中出现作者的语句，一般是学生要理解和分析的对象，而命题者的话一般起到引导学生明确解答重点或者提供限制条件的作用。

（4）变含蓄为直接，变分说为概括

考试中的现代文阅读材料多为散文，语言不仅有丰富的内涵，还很讲究艺术技巧。有的含蓄委婉，有的生动细腻，有的形象具体，具有这些特点的语句在高考中历来成为考查的重点。

组织答案的时候首先要整合文中的相关信息，在原文中找出相关段落所传达的信息的共同点，然后利用文中附着信息共同点的那些具体的、形象化的语句，把这些具体、形象化的语言转换为抽象、概括性的语言，即为所需答案。

（5）多从原文中寻找和整合答案

现代文阅读的考查目的在于把握并理解作者在文中所要传达的信息，因此，要依照作者的思路来理解作品，多从原文中寻找答案。

但并不是直接摘抄，有时以文章中的词或句为基础略作改写来作答，有时要求综观全文，从各段中提取相关信息加以整合。这类题在高考中出现最多。另外，要弄清试题中常用的名词术语。

表达方式，常用的表达方式有记叙、描写、议论、抒情、说明等。写作手法，考虑要清楚，狭义的写作手法即"表达方式"，广义的是指写文章的一切手法，诸如表达方式、修辞手法，先抑后扬、象征、开门见山、托物言志等。修辞手法，常用的有比喻、拟人、反复、夸张、排比、对偶、对比、设问、反问等。

语言特点，一般指口语的通俗易懂，书面语的严谨典雅，文学语言的鲜明、生动、富于形象性和充满感情色彩的特点。分析时，一般从修辞上进行分析。感悟，多指发自内心的感受、理解、领悟等。说明文的类型，事物、事理说明文；平实、生动说明文。

说明方法，一般有举例子、分类别、列数据、作比较、下定义、作诠释、打比方、画图表、摹状貌等；说明顺序，时间顺序、空间顺序、逻辑顺序。考生在答题时，可答得具体些，如：空间顺序，逻辑顺序；说明对象，指文章说明的主要人或事物。

论证方法，中学要求掌握的有道理论证、事实论证、对比论证、比喻论证、归谬法；论证方式，立论和驳论。理论论据，包括名人名言、俗语谚语、公式定律等；事实论据，一切事实、史实、数据等。

以上各"常用术语"，暗中考查学生的语文基础，同时也是题目赋分点所在，学生理解清楚，可很好地根治"答非所问"的弊病。

11. 提高历史阅读能力的方法

阅读理解能力是学习能力中最基本的能力，是各科教学中都要培养的一种能力。不重视培养学生的历史阅读能力，这样就会使学生在这方面的能力未能得到很好的开发，进而影响到学生以后的历史学习。

最直接的表现就是在做史料分析题时，表现出解题能力差，不会很好地运用史料，这在几次会考中都有所表现。因此，在日常教学中，注重培养和提高学生的历史阅读能力是重要的教学行为方式。

对于学生来说，阅读理解就是学习书面也就是教材内容的潜在意义，然后把理解的潜在意义同认知结构联系起来，以便领会这种意义。历史教材是学生的主要阅读材料，如何依托教材使学生学会阅读技能、提高阅读能力呢？

培养历史阅读能力的重要性

在教学中，要使学生认清历史阅读在整个历史学习中的地位，认识到掌握历史阅读的策略和方法的重要性，从而自觉地努力提高自己的历史阅读能力。

许多学生不能掌握知识，乃是因为他们还没有学会流畅地阅读、有理解地阅读，还没有学会阅读的同时进行思考，最主要的他们还没有认识到阅读的重要性。"阅读是人类特有的最普遍最持久的学习方式"一个人要学会学习并且能够终身学习，首要的和基本条件就是要学会阅读。

培养历史阅读能力先从教师导读开始

阅读能力不可能是天生具有或自然形成的，特别是理解材料的能力，必须经过学习和训练才能具备。我国著名教育学家叶圣陶说："阅读要达到真正理解的地步，是要经过练习的，这是一种技能。凡是技能，惟有在实践中才能练就。所以阅读的技能要在阅读各种文件或书籍报刊中练习。"

在教学中，阅读包含"学生自读"和"教师导读"两个方面。两者相辅相成，缺一不可，其中学生的"读"的实践制约着教师"导"的方式，教师"导"的水平又决定着学生"读"的质量。但对于阅读教学的成败来说，"教师导读"乃是关键。没有"教师的导读"，"学生的自读"将会成为没有目标的盲目探索，讨论交流将变成不着边际的瞎谈。

所以教师在指导学生的阅读时要设计好一系列问题，环环相扣，引导学生深入阅读。比如，在讲第一次世界大战时，先问：战争为什么结束了？又问：美国为什么放弃中立参战了？这个问题教材上没有具体材料，这就要靠学生平时的历史阅读材料的积累了。再问：俄国为什么退出了战争？追问：俄国发生了什么革命？这个问题就会导引学生对后一课"俄国十月革命"的关注。

这样就把学生学习历史的兴趣调动了起来，他们会从内心深处产生一种急于探知真相的强烈欲望。此时，再要求学生自读课文和其他历史史料就会达到事半功倍的效果。

提高历史阅读能力的方法

无论哪种类型的历史阅读，其核心都是理解，所以理解就成为中学历史阅读的基本方法。理解的方法就是要按照历史知识的结构进行。一般来说，历史事物的共同构成要素包括：基本要素；历史事物产生前的背景要素。

历史事件的本身要素：过程、经历、内容、状况等；历史事件产生后的评价性要素，指性质、作用、影响、价值、地位和特点等。我们可以概括为"五要素"，每一个历史事件都是由"时、地、人、事、义"五要素构成的。"五要素"涉及的信息点都属于历史基础知识，既是识忆的基本点，也是知识和能力考查要求的"再认、再现"的基本点。

时，指时间观念。有跨越几年甚至几十万年的相对时间观念，也有必须精确到某年某月某日的绝对时间观念；地，指空间观念。有确指的具体地名，也有泛指的区域、地域范围；人，历史进程是由人的活动构成的，活动者既有个人，也有群体；事，指事件的起因、经过、结果；义，指事件的意义、性质、作用、影响、经验教训、成败原因、评价等。

学生在阅读时要认识和掌握历史知识的结构，为进一步运用知识创造条件，所以，理解地去读，不仅是历史阅读的基本方法，也是整个历史学习的基本方法。

（1）按知识的框架结构去读

在每一单元前，要求学生先读导言，每一单元的导言都是对这单元内容的概括，对学生整体了解这段时期的历史事件是很有帮助的。

历史课文中的每一课、每一篇、每一段的每个内容、一个内容中的每个问题、每个问题中的每个知识点之间都有联系。在读的过程中，让学生从大方面入手，弄清它们之间的联系，最后再将着重点放在掌握知识点上。通过读书，要求学生分析、归纳课文内容，概括要点，用简练的语言表达出来。

（2）反复阅读理解教材

在读的过程中，课文中的重点内容要求学生要细读、精读，要逐字、逐句、逐段，反复阅读。现在有很多学生不愿去读，他们只喜欢听，但往往是听过就忘，最终还是没能掌握历史知识，甚至对历史产生不了兴趣。

因而，只有在教学中充分发挥教师的主导作用，充分利用上课时间，让学生去读、去感受历史。要求学生掌握每个知识点，突出重点；对生僻的字、词、人名、地名或书名等要准确识记、不写错别字；对一些过渡性内容、课文补充的小字内容要求学生粗读。

（3）带着问题去读

教师在讲解之前，先提出问题，学生带着问题去朗读或阅读，引起学生注意，启迪学生思考。

例如讲"俄国的十月革命"时，我准备了这些问题，十月革命是在什么情况下进行的？俄国人民为什么要进行二月革命？二月革命爆发于何时，结果如何？革命后俄国出现了什么局面？由此，就可以引出俄国进行十月革命的原因。学生阅读后基本上能按照课文准确地做出回答。

（4）边读书边思考

带着问题去读，当然是要学生读书时要进行思考。读书是手段，读出问题、归纳出知识点、加深对教材的理解才是目的。

总之，学会阅读是学生学会学习的基础，有利于学生的可持续发展、终身发展。学生是学习的主体，阅读是学生获取知识的重要途径。要提高学生的历史阅读能力，需要教师发挥主导作用显现学生的主体作用，采用合适的方法，让学生去听、去说、去读、去学、去思，做到耳到、眼到、手到、心到，学会阅读，提高阅读能力。

12. 提高阅读能力的转变技巧

美国哲学家弗兰西斯·培根有这样一句名言几乎众所周知，那就是"读书足以怡情，足以博彩，足以长才。"它把书对人的影响力，对人的心灵塑造说得形象而深刻。的确，对于一个审美观、道德观、人生观都正处在形成时期的中学生，阅读的作用尤其重要。

从要我读到我要读

从要我读到我要读，究其本质就是教师启发学生明白阅读的目的性和重要性，使学生从被动、被迫的阅读，转变为主动、积极的阅读，使学生具有强烈的阅读愿望，使阅读成为他们自觉的行为。

在这个信息膨胀的时代，科学技术日新月异，学生在获取知识的方式上已有了更大的选择余地，教师必须让学生明白阅读仍是不可替代的。看电影时，你可能很少思考，更少想象，声音、图像一切都是设定好的，你只是一个相对被动的接受者。而阅读的过程却是一个再创造的过程，语言文字可以为你提供无限的想象空间，你能够与遥隔千载的先人们进行超越时空的精神对话，你的心灵之翼可以自由自在地在另一个想象的世界里翱翔。的确，阅读能够激发人的想象力和创造力。

更重要的是，老师要让学生明白阅读影响的是一个人素质中最基本、最核心的东西，即审美观、道德观和人生观。"腹有诗书气自华"、"知书达礼"指的就是这个影响。通过阅读可以反省自我、提升自我，从而使自己成为修养良好的人。

此外，教师必须引导学生认识到从提高自我写作能力来看，阅读是根本，是前提。抱怨写作没材料的人，很大程度上是书读得少。因为阅读是吸收，是积累；写作是抒发，是表达。自古便有"不积跬步，无以至千里；不积小流，无以成江海"的警言在告诫我们。

就学生来说，作文材料主要来自三方面：一是来自课本，二是来自课外阅读，三是来自自身生活积累。归根结底，都要求学生广泛阅读，仔细观察，认真积累。毕竟一个人的直接经验相对来说比较少，更需要间接经验来补充、丰富自己的人生体验，激发自己的想象力，而阅读给予人的便是间接经验。

古语云："熟读唐诗三百首，不会作诗也会吟。"这个"读"需要一定量的积累，长期地、持之以恒地，这样定能收到"读书破万卷，下笔如有神"的效果。

在这个环节中，老师的作用是引领学生进入阅读领域。只有让学生深刻认识到阅读的目的性和重要性，把阅读行为化作自我内驱力，即主动阅读。从而实现第一次转变，从要我读到我要读，并为下一次转变打下坚实的基础。

从我要读到我爱读

从我要读转变为我爱读，指的是端正学生的阅读态度，从"我要读"的愿望、决心，提高到"我爱读"的境界，充分调动学生阅读的兴趣和积极性。"知之者不如好之者，好之者不如乐之者"只有感兴趣了，才会产生乐于接触并力求参与其中的一种积极的意识倾向。

激发学生的阅读兴趣，首先让学生成为阅读的主体，鼓励学生质疑。在"问题驱动"下，学生"主动介入"的状态，正是由被动阅读转化为主动阅读的最佳心境。从字斟句酌这些浅层次的阅读，到对作品的内容与思想感情质疑的高层次的阅读，教师适当地加以引导，让每个学生都动手、动口、动目、动脑。

当然，质疑阅读，并不局限于同一篇作品进行阅读；为了更好地把握文章的风格与特色，可以进行一个大范围的质疑比较阅读：同一作家不同时期作品的比较与质疑：鲁迅先生的《记念刘和珍君》与《为了忘却的记念》等；不同作家在同一时期作品的比较与质疑：老舍《骆驼祥子》与夏衍先生的《包身工》；同类题材作品的比较与质疑：李健吾的《雨中登泰山》与清代姚鼐的《登泰山记》，鼓励学生多疑、善问，正是打破传统阅读教学方法的一个突破口。

其次，让学生参与阅读教学，当一回小老师。青年学生一般都有强烈的表现欲，适时地给予他们一些表现机会，对推动他们主动阅读有不可估量的作用。此外，教会学生上网阅读，满足他们对新知识、新事物的好奇心。因特网上的文章时效性强，只要将鼠标一点，学生可以欣赏到各种类型的文章，古今中外，包罗万象。

强化激励，优化环境，是激发学生阅读兴趣的另一法宝。在阅读活动中，老师创设积极、宽松的课堂氛围，真诚地鼓励、表扬学生，鼓励人人畅所欲言，让学生品味到阅读的甘甜。当然，老师对那些学生"想领悟而领悟不到，虽经研究而研究不出来的部分"要加以补充、归纳。总之，在阅读课堂中，教师平等的态度、亲切的微笑、积极的鼓励和真诚的点拨、加上流畅的语言，定能唤起学生强烈的阅读兴趣和富有创造性的思维活动。

从我爱读到我会读

从"我爱读"出发，通过阅读实践达到"我会读"的境界，是要求教师教会学生掌握阅读方法。当代学生要读的作品委实在太多了，这就需要教会学生制订适合自己的阅读计划，掌握有效的阅读方法和建立好的阅读习惯。

（1）制订阅读计划

要求学生根据自己就读年级的特点和自己的实际情况来制订阅读计划，目的是使学生的阅读更具有计划性和操作性。

阅读计划的内容包括准备阅读的书目、可利用的时间、自检方式三部分。在执行过程中，老师根据学生制订的计划加以督促落实，收查读书笔记、召开读书交流会、撰写读书札记是常用的方法。

（2）掌握有效的阅读方法

掌握有效的阅读方法是提高阅读效率的有力保证。掌握快速阅读文章的技巧：阅读时，必须明确阅读的目的和任务，以此来调节自己的阅读行为；对阅读材料整体感知和把握阅读过程的策略：包括辨明文体，认识领会标题及注释对文章内容的提示或概括作用，学会抓主旨语句等。

学会积累式阅读，要求学生坚持立足课内、辐射课外的原则，通过老师推荐的优秀网站或课外读物，使学生的知识面向深度、广度发展。

任何习惯的形成，都必须经过持久的训练。所以，教师必须引导学生在阅读中反复实践，使学生逐步做到习惯成自然，并探索到适合自己的阅读方法。此外，教师还须经常表扬有良好阅读习惯的学生，让他们介绍自己的做法，使同学们学有榜样，赶有对象，从而促进同学们形成良好的阅读习惯。

从我会读到我读懂

掌握科学的阅读方法和规律，目的还是让学生提高阅读效益，实现从"我会读"到"我读懂"的转变，这是根本。

教会学生阅读时做好摘录，写好随感。许多学生课外阅读并不少，但读完如过眼云烟，收效甚微，这与他们阅读时动口、动眼不动手、不做摘录有关系。因此，要求学生阅读时要做好读书笔记，包括圈画、摘抄、评注、仿写、加标题、写段意等，学生借助这些技术来控制自己阅读的注意力，弄清文章写了什么内容，而且懂得分析文章是怎样写的和为什么这样写。

同时把精彩优美的语句和文章的片断摘录下来，广撷博采读物的长处，并消化吸收，学以致用，在需要时参照、借鉴。这样，使学生养成不动笔不阅读的习惯，积少成多，自然会丰富学生的内涵，打下坚实的文化积淀。持之以恒地这样做，学生的语文素养定会大大提高。

此外，创造条件让每个学生都动手、动脑，要让每个学生均体验到阅读所带来的成功。新学年开学初，我向学生发出"编辑一本自己的作品集"的倡议，作品集上学生可以将阅读到的有益内容摘录其中，可以把自己满意的作文打印出来，并做好编辑工作。

这样日积月累，坚持不懈，很多同学都编出了一本"属于自己"的"作品集"。在这本"作品集"上，学生充分发挥了自己的创造能力：选文章、抄笔记、作点评、写心得、定格式、配插图、勾花边、编目录、拟序言、题集名。

叶圣陶老先生曾说："教，是为了不教。"老师的主导作用不是给学生"鱼"，而是教会他们怎样"渔"。让学生在整个中学阶段尽可能多读书，拓宽阅读的视野，实现阅读过程的"四个转变"，养成爱读书的习惯，掌握会读书的本领，为终身读书学习奠定坚实的基础。

13. 提高学生阅读能力的心理策略

阅读能力是获取知识的主要途径，也是作文能力的前提和基础。许多学生的学习障碍是因阅读障碍而起的，进而产生对作文的畏难心理。心理学研究表明，儿童的自我认知、兴趣爱好、文化素养、人际交往等心理倾向和能力的养成，都可以借助阅读来促进。因此，帮助学生建立良好的阅读习惯，会使他们受益一生。

学生的阅读心理

阅读是把看到的语言文字内化为读者的思想，并领会其内容的过程。与成人相比，学生的阅历浅、知识面窄、语言中枢也不够发达。因此，其最初的阅读活动只能是朗读。在阅读过程中，学生的言语运动分析器的活动起着重要作用，它就像一个支柱，保持着言语视觉分析器和其他分析器之间的联系。

教师要充分重视情感的激励作用，使儿童在愉悦的氛围中，把认知活动由最初引发的兴趣转向阅读思维中去，从而获得有益的情感体验，提高学生的阅读效率和质量。

阅读是儿童了解自然与社会，获得知识和经验的主要方式。激发学生的阅读兴趣，合理干预他们的阅读倾向，有助于学生语文综合能力尤其是阅读能力的提高，也有利于学生心理的健康发展。

不同层次的读者阅读、理解、鉴赏文章内容的能力是不同的。教师要尊重学生在阅读中的自由领悟，保护他们阅读的良好心态。这种良好心态主要是指阅读兴趣，阅读兴趣随着年龄的变化而有所不同。

在小学阶段，儿童的生活环境由家庭扩展到学校，开始相对独立地接触社会，逐渐具备了简单判断是非的能力，有时还会不接受成人的意见，坚持以自我为中心，并出现有意识地说谎等毛病。语文教师要加强对学生的生活引导，增强其生活的信念和责任感，帮助他们树立崇高的理想，进而引导他们的阅读兴趣由简单的读发展到文学思索阶段。

把各种优秀的作品推荐给喜欢阅读的学生，会对他们的成长起到事半功倍的促进效果。事实证明，喜欢并善于阅读书刊杂志的学生，他们的写作能力普遍较高，社会活动能力也比较强。

但是，儿童的阅读能力和兴趣的发展并不仅仅由年龄这个因素来决定，还与其生活的环境、家庭教养、社交圈子等因素有密切的关系。因此，教师要了解学生的阅读心理，就必须先了解其生活环境，并正确引导他们在生活中体会到阅读的快乐。

结合阅读心理，提高阅读能力

（1）诱读

教师在教学中，要注重学生的智力因素与非智力因素的协调功能，使他们在愉悦的氛围中，获得种种有益的情感体验，从而达到教学目标。例如，教师可以采用情境烘托、形象概括、语言渲染、表情强化等手段，诱发学生的阅读兴趣。

（2）导读

从众多的教学实践可知，在学生阅读时，他的思维经历了"感性认知、想象、联想、推想、体会、评价"这样一个过程。在阅读教学中，教师的引导过程就要与学生阅读的思维过程同步，抓住学生的心，而绝不能认为"读教科书就是一切"，用成人化的解释来代替儿童的自由感悟。

（3）伴读

一个好的家庭，应该在孩子可以开始阅读的时候适当购置一些好的图书；一个好的学校，应该千方百计让学校图书馆成为学生流连忘返的地方；一位好的教师，应该设法建立"班级图书馆"，营造浓厚的阅读氛围，安排阅读的时间，激发儿童阅读的兴趣，与他们共同分享阅读的快乐。

（4）深读

儿童文学对于儿童的意义不仅仅是带来阅读的快乐，也不仅仅是通过阅读提高语文成绩，它关乎儿童的理想和未来，影响一代人及一个民族的将来。在儿童文学世界里，真、善、美和丰富的想象紧密结合，贯穿始终，这有利于儿童养成诚信、善良、富于想象力和追求美好生活的公民意识。

在儿童文学中，经典的作品种类繁多，不管是哪种儿童群体，都能从中找到适合他们的优秀之作。当然，除了儿童文学之外，科技故事、历史典故等方面的书籍也应该有所涉猎。

(5) 选读

学生阅读的随意性较大，他们喜欢新奇的图画书籍，存在"求快"和"求厚"两种不良倾向。前者导致阅读时囫囵吞枣、不求甚解；后者导致学生不切实际地读厚书，辨别能力差，容易受不良刊物及信息的毒害。

因此，教师应向学生推荐好的文学作品，指导学生运用正确的阅读方式，教会学生选择读物和筛选信息的方法。这是培养阅读习惯，提高阅读能力的有效途径。

(6) 善读

所谓善读，包括了略读、精读、快速阅读等。略读可采用读标题、读导语、读摘要的方法，迅速获取自己所需的材料和信息；精读一些名著、佳作和学生喜欢的、需要的文章并及时写出自己的心得体会。快速阅读是为了吸收尽可能多的信息，以适应时代和生活需要。要使课内外阅读效果好、有深度，教师还要指导学生在阅读佳作、名著前，先阅读序言，了解作品梗概；阅读后查阅相关的书评，多方面、多角度地把握作品，深化认识。

"读一本好书，就是和许多高尚的人谈话。"随着阅读量的提高，学生品尝到阅读带来的成功与喜悦，就会自己找书读。一个人有了良好的阅读习惯将会终生受用。阅读到什么程度？教师在进行指导时应由学生自行决定，让学生充分发挥才智，发展个性，其目的只有一个，让学生感悟到读书的好处。

14. 提高探究性阅读能力的方法

对课文的内容和表达有自己的心得，能提出自己的看法和疑问，并能运用合作的方式，共同探讨疑难问题。那么，怎么在阅读教学中适当运用合作学习的方式，逐步培养学生探究性阅读的能力呢？

在阅读教学中如何摆正"教和学"的关系：教师为主导，学生为主体，教师的"教"为学生的"学"服务；如何处理好知识的传授和能力的培养间的关系。我在课堂中加强了学生合作学习的目的就在于此。

那么，什么是"学生合作学习"呢？它是指从学生的心理需要出发，通过几个学生间的相互协助、共同完成一定的课题和学习任务，以期达到每一位学生在认知、情感、能力诸方面都能积极和谐地发展。这一教学形式，在以往的课堂教学中虽有涉及，但其组织形式都不够明确具体。

我将班内学习按组内异质、组间同质的原则，根据学生的性别、兴趣、学习动机、交往技能等情况合理搭配，组成14个学习小组，组内包括1名优等生，2名中等生，1名理解、分析较慢的学生，组员在小组中建立积极的相互依存的合作关系。那么，为什么说加强学生合作学习能够提高学生探究性阅读的能力呢？

自由发表意见，锻炼表达能力

学生课堂参与的形式多样，要提高学生课堂参与效率，改变少数尖子生唱主角的局面，在教学的关键处、重点处，设计学生合作学习的环节。因为，学生在合作学习中会消除畏惧心理，乐于发言，乐于读书。

比如，在《燕子》一课教学中，叫学生理解"停着的燕子成了音符，谱出一支正待演奏的春天的赞歌。"这句点明中心的话时，就布置了学生合作学习，并且要求一会儿每个合作学习的小组推荐一名还没有发过言的同学来汇报学生合作学习的学习情况。

学生听后，马上投入到热烈的讨论和积极的准备之中，课堂气氛十分活跃。这一环节的设置，既调动了每个学生的学生积极性，也为没有发过言的同学创造了发言的机会，从而使学生的表达能力得到充分锻炼。

互相启发学习，提高阅读能力

语文课有一项特定的无可推托的责任，就是教给学生阅读方法，进行种种计划的阅读训练，以增加学生具有比较高的阅读能力。

阅读能力指什么？是指通过阅读能够独立地获取知识的技能。由于每个学生的这种技能存在着差异，给提高课堂教学质量带来了一定的难度。而小组合作学习，通过学生之间的互相启发、帮助和学习，就能相对地平衡这种差异，提高阅读能力，从而让每一个学生都获得成功的喜悦。

合理分工合作，体现主体之位

有效的合作学习方式必须建立在学生个体学习的基础上，没有个体切实的学习为基础，合作学习就会流于形式，完耗时间。因此，小组合作学习的成效如何，组长至关重要，他们必须经常培训，如：教会他们如何组织协调小组的学习；如何在小组中发挥自己的榜样示范作用；如何对教师布置的学习任务进行分工合作等。

在课堂上，小组合作学习主要包括小组讨论和组内朗读课文。讨论内容一般是需要通过互相启发来扩展思维的"多维性"问题；需要通过反复推敲才能准确把握的"聚焦性"问题，包括教学重点、难点有统领"全局性"的问题；需要通过共同协作来提高学生效率的"集体性"作业。根据讨论内容的不同，讨论形式可以是诊断式、辩论式、连锁式、分割式等。

学生在讨论时，教师不是局外人，学生合作学习、自主探究中教师的巡视、点拨、参与以及要求学生按照规则来交流汇报结果，这些指导不仅仅是为了帮助学生潜心研究，更是为了培养学生良好地解决阅读专题。

同时，提高探究性阅读的效率，更是为了培养学生良好的探究性阅读的意识、习惯和能力。因为对于探究性阅读来说，探究过程往往比探究结果更重要，学生的探究能力是在具体的探究过程中逐步形成的。

在重点词句的研究中放手让学生自行探究，这样把课堂还给学生，让他们自主学习，凭自己的知识积累、思维方式和学习习惯去发现问题，提出问题，并尝试自己解决问题，学生学习积极性高涨，读思结合，在研究中获得了成功。通过实践，我们发现，学生在和谐友爱的教学氛围中，乐于参与学习，充分体现了他们是课堂上真正的学习主人。

组间展开竞赛，促进主动自学

在小组合作学习中，每一个组员不仅自己要主动学习，还有责任帮助其他同学学习，以全组每一个同学都学习好为目标。教师则根据合作小组的总体再现进行奖励，学生则因自己与过去比较而获奖励。

心理学家格拉塞博士强调："教室里的学习应当充满乐趣，否则学生就不肯下苦功学习。"因此，我们在黑板一角画有"互帮互助、共同进步"的积分表，让组与组之间展开竞赛，使全班学生在学习上出现你追我赶的局面。

这样一来，就使小组成员形成一个密不可分的整体，这对那些学习动机、毅力、责任心相对较弱的学生会产生积极的群体压力，从而产生学习的动力，也能自觉地从事学习活动。

比如，为了能在课堂上积极发言，多为小组加分，许多同学就在课前进行自学：轮读课文，进行正音、评价；围绕课后思考练习，对课文进行质疑问难；精读课文，分析体会写作方法等。针对这种情况，为了更好地培养学生的学习习惯，提高自学能力，教师得有目的、有步骤地传授预习课文的方法和读书的方法。

综上所述，合作学习较好地体现了以学生为主体，使学生会学、乐学，而且使学生爱同学、爱集体，并有利于培养学生的合作意识、社交技能，从而使学生素质全面提高。只要我们始终把学生当作学习的主人，为学生着想，为学生服务，扎扎实实地进行训练，离"自发读书"的境界不会遥远。合作学习，的确能提高学生探究性阅读的能力。

15. 提高阅读能力的批注技巧

读书、看报离不开阅读，学习语文更离不开阅读，从某种意义上说，阅读将伴随着人的一生。但是怎么提高学生的阅读能力，形成独立的阅读个性？这是一个值得深思的问题。

阅读是学生的个性化行为，不应以教师的分析来代替学生的阅读实践。阅读教学的重点是培养学生具有感受、理解、欣赏、评价的能力。

学生是一个个具有独立思想的活生生的人，他们由于所受的经历、所处的环境不同，从而产生不一样的阅读体验，正所谓"一千个读者就有一千个哈姆雷特"，我们的语文教学正是因为有了这一千个，才会呈现精彩纷呈、百花齐放的局面，才会焕发出生命的活力。

改变了以往的口头式、表格式等评价方式，把目标定位在批注上，这种评价方式贴近阅读教学，具有可操作性能利于教师自我反思，能有效提高学生阅读水平。这种评价方式运用批注能够实现一种内化的互动，表现在：学生与文本的交流；学生与学生的交流；学生与教师的交流。

感想式批注

如果一个人动了心去读文章，就一定会有或深或浅的感想。为了

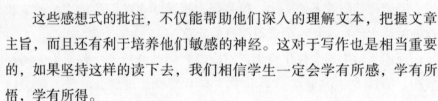

培养学生边读边想的习惯，我们要求学生在读了文章之后，随时在旁边写下自己的感想。

如学生在读了《全神贯注》一文的最后一段写下了这样的批注："通过阅读，我对罗丹工作时聚精会神、全神贯注的精神深深地感动了，使我也想了许多，在我的身上就缺乏这种全神贯注的学习精神，我决心从今天开始向罗丹学习，请大家看我的行动吧！"

还有学生读到《麦哨》一文中的第四自然段时写下的批注是："作者运用了排比句的形式向我们介绍了田间最具有代表的几种农作物，有油菜、蚕豆、萝卜等，并运用了生动形象的比喻句描绘了这些农作物的丰收时的景象，更唤起了我到田间去看一看的冲动了，有机会一定去田间走一走，欣赏一下那里与城市完全不同的风光。"

这些感想式的批注，不仅能帮助他们深入的理解文本，把握文章主旨，而且还有利于培养他们敏感的神经。这对于写作也是相当重要的，如果坚持这样的读下去，我们相信学生一定会学有所感，学有所悟，学有所得。

联想式批注

阅读教学的一个重要任务就是培养学生的联想能力，让他们能够由此及彼，能够自觉的由文本迁移到文外。这种阅读方法有注于学生知识的迁移、信息的归类整合。

如学生在《桥》的第二大段老汉沙哑地喊话后面又加上了老汉焦急地说："同志们，小心点！桥窄，踩稳慢慢过！"在学完这课时，同学们又在书中做出了这样的批注："老汉高大的形象使我们又联想到了曾经学过的《丰碑》一课中的军需处长；当年非典时期，那些战斗在一线的义务工作者们；还联想到了忠于职守、舍己为人、不是亲人胜似亲人这些词句……"

看到这些批注，真的很欣慰，他们能把知识进行归纳整理，做到触类旁通，真正的把知识学活了，内化成了自己的一种能力。

新课程标准突出强调培养学生的创新意识，而个性则是创新的前提和基础。我在要求学生写批注时，有意识地引导他们结合语言环境和生活实际学习语文，强调表达自己的见闻、感受，不强求统一的答案。

质疑式批注

"学者先要会疑"不疑不能激思，不疑不能增趣。有了疑问，让学生带着问题读书，才会让他们读进去，真正地走入文本，与文本、与作者进行对话。这种批注式阅读方法，有利于培养学生的质疑与探究精神。质疑本身就是一种思考，一种挑战，一种探索。这种阅读方法学生用得最多，也用得最广，适合于各类学生各类文体。

比如，学生在《金色的鱼钩》中作出这样的批注："作者为什么会用金色的鱼钩为题呢？"有了这个疑问大家充分围绕着这个问题谈对"金色的鱼钩"的理解。还有学生在《杨氏之子》一文中作出了如下批注："杨氏之子的话语有何妙处？"还有的学生在书中做出这样的批注："这不是对大人没有礼貌吗？"正是因为有了这样对立的批注，才让课堂辩论有了源头，从而争论得热火朝天。

补充式批注

这种阅读方法就是让学生顺着作者的思路，依照作者的写法，接着为作者补充。也可以称得上仿写、续写，它能活跃学生的思维，打开学生的视野，让学生学习作者的写作方法，快速的提高写作能力。

如在学习儿童诗两首时，就可以仿照作者的写法仿写一至两节，这样既激发了学生的学习写作兴趣，还增强学生写诗的信心。这种批注方法不适合所有学生，它毕竟有一些难度，但对能力较强的学生是一个很好的锻炼。

评价式批注

要想发挥学生的主体地位，充分尊重他们的阅读体验，就应该允许并提倡他们对阅读作出或褒或贬的评价。

例如在《桥》这课第一大段中学生写出了这样的批注："作者这些句子多采用了拟人或比喻的修辞手法，尤其是'像泼。像倒。'等词句让我们非常真切形象地感受到了洪水的肆无忌惮，洪水就像魔鬼猛兽。作者这种精练的语言更加突出了当时情况危急，渲染了紧张气氛。真可谓是匠心独运啊，不愧为文学巨匠。"

这种评价式阅读极大的调动了他们阅读的积极性，因为他们成了课堂的主人，成了读书的主人，他们有权利来评价书本和作者了，这不能不说是对他们人格的一种尊重。

在这个互动式评价研究的课题中，利用批注阅读的形式使学生得到的不仅是知识的增加，能力的提高，更为重要的是，他们在批注式阅读中找到了读书的乐趣，得到了健全的心智，形成了独立的思想，拥有了自主的精神，也在学习语文时形成了一种自主合作探究的学习氛围。

16. 分层教学中提高阅读能力的方法

阅读能力是学生语文综合能力的体现，阅读能力的高低直接决定着学生语文水平的高低。但在现实的语文教学中，教师与学生普遍关注的就是阅读能力不强以及如何提高阅读能力的问题，这一问题在分层教学中显得尤为重要。

所谓分层教学就是按照学生的实际综合能力，把每一科按照基础扎实、一般、较差为依据，依次分为 A、B、C，三层的教学模式。

关键在于增加阅读量

学生阅读量的大小，直接决定着学生阅读能力和写作水平的高低，可是现在的学生一方面由于影视的影响而以声音和画面代替了文字。另一方面由于阅读教材的匮乏，学生没有可读的书，所以导致学生的阅读量很小，甚至连古典名著中的经典片段都没有读过，这不能不说是这些学生的悲哀，为此提高学生的阅读量刻不容缓。笔者觉得可以从以下几个方面着手：

（1）从名言警句入手

名言警句是前人智慧的结晶，可以陶冶人的性情，又可以开启人的智慧之窗。

以班为单位，由科代表每天抄录3到5条名言警句，利用早读时间背诵记忆，然后在课堂上展现背诵成果，交流所获心得，获胜者为优，授予红旗。并要求学生在作文时，能恰当地引用名言。

而笔者在批改作文时，遇到引用较为恰当的就用波浪线画出来，并在作文课上加以表扬。这样学生认识到了引用名言能够使作文锦上添花，自然增加了识记名言的欲望，然后再进一步引导，让学生从经典又短小的作品入手，汲取营养，获得学习的乐趣。

现在，学生已经能够主动地去阅读，并且认为阅读是一种不可缺少的享受了。

（2）分组阅读

现在学生的学习压力都比较大，没有过多的时间与精力去阅读，也就无法实现阅读量的提升。笔者觉得，以"分组阅读，在交流中积累、提高"的方法可以解决这一矛盾。

"分组阅读，在交流中积累、提高"就是以行政班为单位，利用有限的时间搜集精美作品十几人共同研读，然后写出阅读心得，每周一次。然后在辅导时将所学美文与自己的心得体会在班上交流，让其他人也享受到美的熏陶，这样每个学生花了一篇的时间与功夫却得到了四篇的成果。

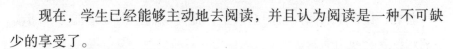

信息筛选能力的训练

学会对文中重要信息的处理不仅是新课标的要求，也是中考高考的重要考点之一，因此学会信息筛选和信息处理，对于提高阅读能力非常重要。

以文中的关键句、统领句、中心句、主旨句为契机，形成概括性句子。一篇文章或一段文字，一般都有起"画龙点睛"作用的一两句话，抓住了它们，就抓住了文章的命脉，特别是议论抒情句，更是文章的关键所在。找出它们后加以揣摩，形成概括性语句从而把握文意。

在感知文章内容的基础上，用自己的话概括。有些文段找不出关键句、统领句、中心句、主旨句，这就需要自己去概括，在概括时，要在感知文章内容的基础之上，明确"写了什么"、"想表现什么"等内容。

身临其境，揣摩文章传达的情感。对于作者或主人公传达的情感，笔者觉得只有设身处地的去想，以对方的立场为方向，才能明白人家此时在"想什么"、"想表达什么"也就能够明白作者与主人公传达的情感了。

总之，在在增加阅读量的基础上，提高对信息的处理能力，阅读中的难题就会迎刃而解。

17. 运用信息技术提高阅读能力的技巧

我国基础教育课程改革十分强调现代信息技术在当代教育中作用和功能的发挥，通过在各学科教学中有效地使用信息技术，来促进各科教学内容呈现方式的变革、学生学习方式的变革、教师教学方式的变革。

在这样的理念指引下，我们尝试将信息技术整合于语文阅读教学中，通过一种全新的手段，突破语文阅读教学的重点、难点，积极推动小学语文阅读教学的改革。

在语文阅读教学中的作用

语文阅读教学是学生、教师、文本之间对话的过程。运用信息技术就是通过信息技术创设使学生获得独特情感体验的对话情境，借助信息技术提供的资源，进行拓展阅读训练，开阔视野，增加生活体验。

（1）多媒体平台开拓阅读视野

多媒体计算机能储存大量教学信息，为阅读教学提供详实的阅读材料，同时它又能提供文本、图像、动画、声音、视频等。在教学中，可以按照知识点来划分教学内容并实现超链接，它所具有的生动性、形象性、直观性，非常符合小学阶段学生的认知特点。

（2）多媒体材料激发阅读兴趣

学生年龄小，好奇心强，对感兴趣的事物总是愉快地去探究。因此，在教学中激发学生的兴趣尤为重要。

长期以来，语文阅读教学一直只是停留在"空洞说教"这一层次，手段单一，方法老套，教具不多，色彩单调，画面缺乏活力，很难调动学生学习的积极性，培养学生的阅读兴趣。信息技术辅助教学在色彩、动画及表现手段上比其他教学手段更加形象、生动，立体感强，特别是声音、图像给人以极大的震撼，是其他教学手段所无法比拟的，极大地激发了学生的学习兴趣。

（3）信息技术培养阅读能力

由于有信息技术在课堂教学中的综合应用，真正激发了学生的学习兴趣。因此，在课堂教学中学生积极性高，学生的主体地位明显得到加强，在参与阅读教学活动中生动活泼地发展，在发展中积极主动地参与，并在此过程中，培养了学生良好的阅读能力

在教学过程中，运用信息技术，把文字符号和课文语句进行再加工，文字与画面结合，或与声音结合，或文字、声音、画面三者结合，

形成一个动态的直观形象的多媒体课件，这样能增强阅读教学的直观性、形象性，容易唤起学生的注意，也容易使学生保持较高、较久的注意力，促使学生形成良好的朗读、默读的习惯，能通过文字了解文章表面的和间接的意义，从而培养学生良好的阅读能力。

（4）培养思维创新能力

学生在对语言文字深刻理解的基础上，通过信息技术的演示，丰富了头脑中的表象，拓宽了思维空间，使学生在课堂学习中不时地进出创新的火花。

通过与课文有关的文字资料，事物的声、色、光的发展变化去获取知识、认识世界，充分调动学生的多种感官的相互作用，使学生的智力因素和非智力因素共同参与认识过程，产生强烈的学习欲望，从而形成自主的学习动机。

在语文阅读教学中的应用

（1）创设阅读情境

利用多媒体手段引导培养学生对事物的好奇心，产生强烈的探究兴趣，具有问题意识，是探究性学习的前提，兴趣是最好的老师，是学生主动学习，积极思考、探索知识的内在动力。

而情境能激发学生兴趣的动力和源泉。运用多媒体技术导入新课，能通过情景画面，以情激趣，全方位、多角度地激发小学生的好奇心和求知欲，使他们产生学习的动机。

让学生在阅读急切感的教学氛围中主动学习、自主探究，正是阅读教学中发挥学生主体性作用的体现。不可否认，传统教学也能体现学生的主体性，然而现代信息技术支持下的阅读教学更胜一筹。

以往阅读教学采用的文字教材、录音教材、录像教材，其信息组织结构都是线性的。线性结构限制了人的思考能力、自由联想和想象能力的发挥。而多媒体和网络阅读材料是呈网状的，它们有利于激发个体的积极性、张扬个性，加快个体进入文本获取知识的速度。

（2）丰富阅读感受

化难为易，突破阅读难点。学生的观察力、想象力、思维力是创新能力的基础。在阅读教学中，利用信息技术大大增加了学生看和听的机会，文、图、声的有机结合又大大扩充了课堂信息量，实现课内外沟通、思维发散、能力迁移。信息技术的多渠道地应用充实了学生的阅读感受。

学生在教师的引导下，从不同角度阐发、评价和质疑，充分发挥自己的想象力和创造力，进行自主意义构建，锻炼和提高了自己的创新能力。信息技术在综合处理和控制符号、语言、文字、声音、图像等方面具有高超的能力，运用这一特有功能，可以变抽象为具体，变动态为静态，化枯燥为生动，从而化难为易。

学生在学习语言文字过程中的障碍就是我们教学的难点，运用信息技术这一方面的功能，就能帮助学生解除抽象思维、逻辑思维、语言理解表达方面的困难，从而降低难度，使教学中的难点得以顺利突破。

（3）进行语言文字训练

语言文字训练是语文课堂教学的重要内容，学生只有通过训练才有可能提高听、说、读、写的能力，利用多媒体计算机的交互性，更好地加强了语言文字的训练。

（4）多媒体影像开发思维

多媒体技术的运用能激发学生的好奇心与求知欲，给学生以思维上的启迪、触发。

开展语文阅读教学的通用模式

运用信息技术就是给学生营造互动的对话式教学场景。对话式教学作为一种新理念，使学生在对话中丰富知识、增长见识、体现自我，成长成为具有能动性、创造性，对话理性和合作性精神的现代人。

依据新课程语文阅读教学的理念与思想和对话理论，针对传统语文阅读教学中存在的问题，运用信息技术开展语文阅读教学的模式就是要重视学生主动性的体现和独特的感受与体验，为学生与文本、教师与文本、老师与学生、学生与学生之间的对话提供可能，具体体现在：

为教师、学生、文本之间的对话创设情境，引导学生进入情境，使师生之间的互动交流成为可能。呈现内容，引导生本对话，建立对课文内容、层次及主体的表征系统。

为学生提供任务情境和相关资源，使学生在完成任务的过程中形成自己的独特体验。并借助信息技术进行表达、交流和构建，进行互动。

提供信息资源，加大学生阅读量，开阔学生的视野，培养学生利用信息技术进行终身学习的能力。

信息技术在阅读教学中的应用，给阅读教学带来了无限的活力。应用现代信息技术开展语文阅读是一项涉及到多方面的系统工程，既要全方位着眼，又要从点点滴滴的实验做起。我们应该继续探索现代信息技术与语文阅读的整合，不断总结经验教训，促进语文阅读教学方式的根本性变革，努力培养学生的创新精神和实践能力。

信息技术给学生带来大量信息的同时也使学生产生了点击的茫然和筛选的困难。因此，教师一定要发挥好主导作用，根据阅读内容建立信息库，让学生共享，向学生推介相关的优秀站点，指导学生快速浏览网络信息，提高掌控信息的能力，增强语文阅读的能力。

目前，在我国，实施信息技术与语文阅读教学整合并不十分普及，无论是理论还是实践发展都不是十分完善。探索我国现代信息技术与语文阅读教学整合，是广大语文教师大展身手的好机会。

第二章

学生提高阅读能力名篇推荐

1. 随感录三十六

——鲁 迅

现在许多人有大恐惧：我也有大恐惧。

许多人所怕的，是"中国人"这名目要消灭；我所怕的，是中国人要从"世界人"中挤出。

我以为"中国人"这名目，决不会消灭；只要人种还在，总是中国人。譬如埃及犹太人，无论他们还有"国粹"没有，现在总叫他埃及犹太人，未尝改了称呼。可见保存名目，全不必劳力费心。

但是想在现今的世界上，协同生长，挣一地位，即须有相当的进步的智识，道德，品格，思想，才能够站得住脚：这事极须劳力费心。而"国粹"多的国民，尤为劳力费心，因为他的"粹"太多。粹太多便太特别。太特别，便难与种种人协同生长，挣得地位。

有人说："我们要特别生长；不然，何以为中国人！"

于是乎要从"世界人"中挤出。

于乎中国人失了世界，却暂时仍要在这世界上住！——这便是我的大恐惧。

2. 中国的奇想

——鲁 迅

外国人不知道中国，常说中国人是专重实际的。其实并不，我们中国人是最有奇想的人民。

无论古今，谁都知道，一个男人有许多女人，一味纵欲，后来是不但天天喝三鞭酒也无效，简直非"寿（？）终正寝"不可的。可是我们古人有一个大奇想，是靠了"御女"，反可以成仙，例子是彭祖有多少女人而活到几百岁。这方法和炼金术一同流行过，古代书目上还剩着各种的书名。不过实际上大约还是到底不行罢，现在似乎再没有什么人们相信了，这对于喜欢渔色的英雄，真是不幸得很。

然而还有一种小奇想。那就是哼的一声，鼻孔里放出一道白光，无论路的远近，将仇人或敌人杀掉。白光可又回来了，摸不着是谁杀的，既然杀了人，又没有麻烦，多么舒适自在。这种本领，前年还有人想上武当山去寻求，直到去年，这才用大刀队来替代了这奇想的位置。现在是连大刀队的名声也寂寞了。对于爱国的英雄，也是十分不幸的。

然而我们新近又有了一个大奇想。那是一面救国，一面又可以发财，虽然各种彩票，近似赌博，而发财也不过是"希望"。不过这两种已经关联起来了却是真的。固然，世界上也有靠聚赌抽头来维持的摩那科王国，但就常理说，则赌博大概是小则败家，大则亡国；救国呢，却总不免有一点牺牲，至少，和发财之路总是相差很远的。然而发现了一致之点的是我们现在的中国，虽然还在试验的途中。

然而又还有一种小奇想。这回不用一道白光了，要用几回启事，几封匿名的信件，几篇化名的文章，使仇头落地，而血点一些也不会溅着自己的洋房和洋服。并且映带之下，使自己成名获利。这也还在试验的途中，不知道结果怎么样，但翻翻现成的文艺史，看不见半个这样的人物，那恐怕也还是枉用心机的。

狂赌救国，纵欲成仙，袖手杀敌，造谣买田，倘有人要编续《龙文鞭影》的，我以为不妨添上这四句。

八月四日

3. 安贫乐道法

——鲁迅

孩子是要别人教的，毛病是要别人医的，即使自己是教员或医生。但做人处世的法子，却恐怕要自己斟酌，许多别人开来的良方，往往不过是废纸。

劝人安贫乐道是古今治国平天下的大经络，开过的方子也很多，但都没有十全大补的功效。因此新方子也开不完，新近就看见了两种，但我想：恐怕都不大妥当。

一种是教人对于职业要发生兴趣，一有兴趣，就无论什么事，都乐此不倦了。当然，言之成理的，但到底须是轻松一点的职业。且不说掘煤，挑粪那些事，就是上海工厂里做工至少每天十点的工人，到晚上就一定筋疲力尽，受伤的事情是大抵出在那时候的。"健全的精神，宿于健全的身体之中"，连自己的身体也顾不转了，怎么还会有兴趣？——除非他爱兴趣比性命还利害。倘若问他们自己罢，我想，一定说是减少工作的时间，做梦也想不到发生兴趣法的。

还有一种是极其彻底的：说是大热天气，阔人还忙于应酬，汗流浃背，穷人却挟了一条破席，铺在路上，脱衣服，浴凉风，其乐无穷，这叫作"席卷天下"。这也是一张少见的富有诗趣的药方，不过也有煞风景在后面。快要秋凉了，一早到马路上去走走，看见手捧肚子，口吐黄水的就是那些"席卷天下"的前任活神仙。大约眼前有福，偏不去享的大愚人，世上究竟是不多的，如果精穷真是这么有趣，现在的阔人一定首先躺在马路上，而现在的穷人的席子也没有地方铺开来了。

上海中学会考的优良成绩发表了，有《衣取蔽寒食取充腹论》，其中有一段——

"……若德业已立，则虽饔飧不继，捉襟肘见，而其名德足传于后，精神生活，将充分发展，又何患物质生活之不足耶？人生真谛，固在彼而不在此也。……"

这比题旨更进了一步，说是连不能"充腹"也不要紧的。但中学生所开的良方，对于大学生就不适用，同时还是出现了要求职业的一大群。

事实是毫无情面的东西，它能将空言打得粉碎。有这么的彰明较著，其实，据我的愚见，是大可以不必再玩"之乎者也"了——横竖永远是没有用的。

八月十三日

4．自课

——胡　适

曾子曰："士不可以不弘毅，任重而道远。仁以为己任，不亦重乎？死而后已，不亦远乎？"此何等气象，何等魄力！

任重道远，不可不早为之计：第一，须有健全之身体；第二，须有不挠不曲之精神；第三，须有博大高深之学问。日月逝矣，三者一无所成，何以对日月？何以对吾身？

吾近来省察工夫全在消极一方面，未有积极工夫。今为积极之进行次序曰：

第一，卫生：

每日七时起。

每夜十一时必就寝。

晨起做体操半时。

第二，进德：

表里一致——不自欺。

言行一致——不欺人。

对己与接物一致——恕。

对昔一致——恒。

第三，勤学：

每日至少读六时之书。

读书以哲学为中坚，而以政治，宗教，文学，科学辅焉。

主客既明，轻重自别。毋反客为主，须擒贼擒王。

读书随手作记。

5. 差不多先生传

——胡　适

你知道中国最有名的人是谁？

提起此人，人人皆晓，处处闻名。

他姓差，名不多，是各省各县各村人氏。你一定见过他，一定听过别人谈起他。差不多先生的名字天天挂大家的口头，因为他是中国全国人的代表。

差不多先生的相貌和你和我都差不多。他有一双眼睛，但看的不很清楚；有两只耳朵，但听的不很分明；有鼻子和嘴，但他对于气味和口味都不很讲究。他的脑子也不小，但他的记性却不很精明，他的思想也不很细密。

他常常说："凡事只要差不多，就好了。何必太精明呢？"

他小的时候，他妈叫他去买红糖，他买了白糖回来。他妈骂他，他摇摇头道："红糖白糖不是差不多吗？"

他在学堂的时候，先生问他："直隶省的西边是那一省？"他说是陕西。先生说："错了。是山西，不是陕西。"他说："陕西同山西不是差不多吗？"

后来他在一个钱铺里做伙计；他也会写，也会算，只是总不会精细。十字常常写成千字，千字常常写成十字。掌柜的生气了，常常骂他。他只笑嘻嘻地赔小心道："千字比十字只多一小撇，不是差不多吗？"

有一天，他为了一件要紧的事，要搭火车到上海去。他从从容容地走到火车站，迟了两分钟，火车已开走了。他白瞪着眼，望着远远地火车上的煤烟，摇摇头道："只好明天再走了。今天走同明天走，也还差不多。可是火车公司未免太认真了。八点三十分开，同八点三十二分开，不是差不多吗？"他一面说，一面慢慢地走回家，心里总不很明白为什么火车不肯等他两分钟。

有一天，他忽然得了急病，赶快叫家人去请东街的汪医生。那家人急急忙忙地跑去，一时寻不着东街汪大夫，却把西街的牛医生王大夫请来了。差不多先生病在床上，知道寻错了人；但病急了，身上痛苦，心里焦急，等不得了，心里想道："好在王大夫同汪大夫也差不多，让他试试看吧。"于是这位牛医生王大夫走近床前，用医牛的法子给差不多先生治病。不上一点钟，差不多先生就一命呜呼了。

差不多先生差不多要死的时候，一口气断断续续地说道："活人同死人也差……差不多……凡事只要……差……差…不多……就……好了……何……何……必……太……太……认真呢?"他说完了这句格言,方才绝气。

他死后,大家都很称赞差不多先生样样事情看得破,想得通;大家都说他一生不肯认真,不肯算账,不肯计较,真是一位有德行的人。于是大家给他取个死后的法号,叫他做圆通大师。

他的名誉越传越远,越久越大。无数无数的人都学他的榜样。于是人人都成了一个差不多先生。——然而中国从此就成了一个懒人国了。

6. 上下身

——周作人

戈丹的三个贤人,
坐在碗里去漂洋。
他们的碗倘若牢些,
我的故事也要长些。

——英国儿歌

人的肉体明明是一整个(虽然拿一把刀也可以把他切开来),背后从头颈到尾闾一条脊椎,前面从胸口到"丹田"一张肚皮,中间并无可以卸拆之处,而吾乡(别处的市民听了不必多心)的贤人必强分割之为上下身——大约是以肚脐为界。上下本是方向,没有什么不对,但他们在这里又应用了大义名分的大道理,于是上下变而为尊卑,邪正,净不净之分了:上身是体面绅士,下身是"该办的"下流社会。

这种说法既合于圣道，那么当然是不会错的了，只是实行起来却有点为难。不必说要想拦腰的"关老爷一大刀"分个上下，就未免断送老命，固然断乎不可，即使在该办的范围内稍加割削，最端正的道学家也决不答应的。平常沐浴时候（幸而在贤人们这不很多），要备两条手巾两只盆两桶水，分洗两个阶级，稍一疏忽不是连上便是犯下，紊了尊卑之序，深于德化有妨，又或坐在高凳上打盹，跌了一个倒栽葱，更是本末倒置，大非佳兆了。由我们愚人看来，这实在是无事自扰，一个身子站起睡倒或是翻个筋斗，总是一个身子，并不如猪肉可以有里脊五花肉等之分，定出贵贱不同的价值来。吾乡贤人之所为，虽曰合于圣道，其亦古代蛮风之遗留欤。

有些人把生活也分作片段，仅想选取其中的几节，将不中意的捎头弃去。这种办法可以称之曰抽刀断水，挥剑斩云。生活中大抵包含饮食，恋爱，生育，工作，老死这几样事情，但是联结在一起，不是可以随便选取一二的。有人希望长生而不死，有人主张生存而禁欲，有人专为饮食而工作，有人又为工作而饮食，这都有点像肚脐锯断，钉上一块底板，单把上半身保留起来。比较明白而过于正经的朋友则全盘承受而分别其等级，如走路是上等而睡觉是下等，吃饭是上等而饮酒喝茶是下等是也。我并不以为人可以终日睡觉或用茶酒代饭吃，然而我觉得睡觉或饮酒喝茶不是可以轻蔑的事，因为也是生活之一部分。百余年前日本有一个艺术家是精通茶道的，有一回去旅行，每到驿站必取出茶具，悠然的点起茶来自喝。有人规劝他说，行旅中何必如此，他答得好："行旅中难道不是生活么。"这样想的人才真能尊重并享乐他的生活。沛德（W. Pater）曾说，我们生活的目的不是经验之果而是经验本身。正经的人们只把一件事当作正经生活，其余的如不是不得已的坏脾气是可有可无的附属物罢了：程度虽不同，这与吾乡贤人之单尊重上身（其实是，不必细说，正是相反），乃正属同一

75

种类也。

戈丹（Gotham）地方的故事恐怕说来很长，这只是其中的一两节而已。

7. 喝茶

——周作人

前回徐志摩先生在平民中学讲"吃茶"，——并不是胡适之先生所说的"吃讲茶"，——我没有工夫去听，又可惜没有见到他精心结构的讲稿，但我推想他是在讲日本的"茶道"（英文译作 Teaism），而且一定说的很好。茶道的意思，用平凡的话来说，可以称作"忙里偷闲，苦中作乐"，在不完全的现世享乐一点美与和谐，在刹那间体会永久，是日本之"象征的文化"里的一种代表艺术。关于这一件事，徐先生一定已有透彻巧妙的解说，不必再来多嘴，我现在所想说的，只是我个人的很平常的喝茶罢了。

喝茶以绿茶为正宗，红茶已经没有什么意味，何况又加糖——与牛奶？葛辛（George Gissing）的《草堂随笔》（Private Papers of Henry Ryesroft）确是很有趣味的书，但冬之卷里说及饮茶，以为英国家庭里下午的红茶与黄油面包是一日中最大的乐事，支那饮茶已历千百年，未必能领略此种乐趣与实益的百分之一，则我殊不以为然，红茶带"土斯"未必不可吃，但这只是当饭，在肚饥时食之而已，我的所谓喝茶，却是在喝清茶，在赏鉴其色与香与味，意未必在止渴，自然更不在果腹了。中国古昔曾吃过煎茶及抹茶，现在所用的都是泡茶，冈仓觉三在《茶之书》（Book of Tea, 1919）里很巧妙的称之曰"自然主义的茶"，所以我们所重的即在这自然之妙味。中国人上茶馆去，左一碗右一碗的喝了半天，好像是刚从沙漠里回来的样子，颇合于我的喝茶的意思（听说闽粤有所谓吃功夫茶者自然也有道理），只可惜近来太是洋场化，失了本意，其结果成为饭馆子之流，只在乡村间还保存一点古风，唯是屋宇器具简陋万分，或者但可称为颇有喝茶之意，而未可许为已喝茶之道也。

喝茶当于瓦屋纸窗之下，清泉绿茶，用素雅的陶瓷茶具，同二三人共饮，得半日之闲，可抵十年的尘梦。喝茶之后，再去继续修各人的胜业，无论为名为利，都无不可，但偶然的片刻优游乃至亦断不可少，中国喝茶时多吃瓜子，我觉得不很适宜，喝茶时所吃的东西应当是轻淡的"茶食"。中国的茶食却变成了"满汉饽饽"，其性质与"阿阿兜"相差无几；不是喝茶时所吃的东西了。日本的点心虽是豆米的成品，但那优雅的形色，朴素的味道，很合于茶食的资格，如各色的"羊羹"（据上田恭辅氏考据，说是出于中国唐时的羊肝饼），尤有特殊的风味。江南茶馆里有一种"干丝"，用豆腐干切成细丝，加姜丝酱油，重汤炖热，上浇麻油，出以供客，其利益为"堂馆"所独有。豆腐干中本有种"茶干"，今变而为丝，亦颇与茶相宜，在南京时常食此品，据云有某寺方丈所制为最，虽也曾尝试，却已忘记，所记得者乃只是下关的江天阁而已。学生们的习惯，平常"干丝"既出，大抵不即食，等到麻油再加，开水重换之后，始行举箸，最为合式，因为一到即罄，次碗继至，不遑应酬，否则麻油三浇，旋即撤去，怒形于色，未免使客不欢而散，茶意都消了。

吾乡昌安门外有一处地方，名三脚桥（实在并无三脚，乃是三出，因为一桥而跨三叉的河上也），其地有豆腐店曰周德和者，制茶干最有名。寻常的豆腐干方约寸半，厚三分，值钱二文，周德和的价格相同，小而且薄，几及一半，黝黑坚实，如紫檀片。我家距三脚桥

有步行两小时的路程，故殊不易得，但能吃到油炸者而已。每天有人挑担设炉镬，沿街叫卖，其词曰，

　　辣酱辣，

　　麻油炸，

　　红酱搭，

　　辣酱拓：

　　周德和格五香油炸豆腐干。

　　其制法如上所述，以竹丝插其末端，每枚值三文。豆腐干大小如周德和，而甚柔软，大约系常品。唯经过这样烹调，虽然不是茶食之一，却也不失为一种好豆食。——豆腐的确也是极东的佳妙的食品，可以有种种的变化，唯在西洋不会被领解，正如茶一般。

　　日本用茶淘饭，名曰"茶渍"，以腌莱及"泽庵"（即福建的黄土萝卜，日本泽庵法师始传此法，盖从中国传去）等为佐，很有清淡而甘香的风味。中国人未尝不这样吃，唯其原因，非由穷困即为节省，殆少有故意往清茶淡饭中寻其固有之味者，此所以为可惜也。

十三年十二月

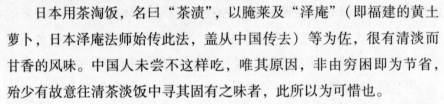

8．面具

——许地山

　　人面原不如那纸制底面具哟！你看那红的、黑的、白的、青的、嬉笑的、悲哀的、目眦怒得欲裂底面容，无论你怎样褒奖，怎样弃嫌，他们一点也不改变，红的还是红的，白的还是白的，目眦欲裂底还是目眦欲裂。

人面呢？颜色比那纸制底小玩意儿好而且活动，带着生气。可是你褒奖它的时候，他虽是很高兴，脸上却装出很不愿意的样子，你指摘它的时候，他虽是懊恼，脸上偏要显出勇于纳言底颜色。

人面到底是靠不住呀！我们要学面具，但不要戴他，因为面具后头应当让他空着才好。

9. 人生论

——许地山

老子的人生论是依据道的本性来说明的。这也可以从两方面来说明：一是人生的归宿，一是生活的方术。人生的归宿属于历史哲学的范围。老子所主张的是一种尚古主义，要从纷乱不安的生活跑向虚静的道。人间的文明从道底观点说来，是越进展越离开道底本性。第十八章说，'大道废有仁义；智慧出有大伪；六亲不和有孝慈；国家昏乱有忠臣。'十四章说，'执古之道，以御今之有，能知古始，是谓道纪。'又，第三十九章说，'昔之得一者，天得一以清；地得一以宁；神得一以灵；谷得一以盈；万物得一以生，'乃至'侯王得一以为天下贞。'这样崇尚古昔，所谓仁义，智慧，忠孝等都是大道废后的发展。古昔大道流行，人生没有大过大善，大智大愚，大孝大慈，等等分别。所以要'绝圣弃智，使民利百倍。''绝仁弃义，使民复孝慈。'（十九章）古时没有仁义，忠孝，智慧等名目，却有其实；现在空有其名，却是离实很远。

老子的历史哲学既然是一种尚古主义，它的生活方术便立在这基础上头。生活方术可以分为修己治人两方面。修己方面，老子所主张底，如第十章所举底'玄德，'乃至不争，无尤（九章）任自然（十七章）尚柔弱（三十六，七十八章）不以身先天下（七章）知足，知止（四十四章），等都是。崇尚谦弱，在修己方面固然很容易了解，但在治人方面，有时免不了要发生矛盾。老子底历史观并不彻底，所以在治人底理论上也欠沉重。因为道是无为，故说'我无为而民自化。'（五十七章）'圣人无为，故无败。'（六十四章）一个统治天下底圣人须要无欲得一，（三十九章）'常使民无知'（三章）此处还要排除名言，弃绝智慧，三十二章说，'道常无名，朴虽小，天下莫能臣也，侯王若能守之，万物将自宾。'又二章说，'圣人处无为之事，行不言之教。'六十五章说，'民之难治以其智多。故以智治国，国之贼。不以智治国，国之福。'这些话说得容易，要做得成，却是很难。我们说它底不沉重便在这里。取天下与治天下便是欲望所在，也必得有所作为，这样，道的本性所谓无欲无为从那里实现出来呢？若说，'无为而无不为'无不为说得通，无为便说不通了。治天下既不以仁义礼信，一切都在静默中过活，如果这个便是无为，那么守静的守，致虚的致，抱一的抱，得一的得，乃绝仁弃义的绝的弃，算为不算呢？又，治天下即不能无所作为，保存生命即不能无欲。总而言之，老子的人生论在根本上不免与道相矛盾。这个明是讲治术底法家硬把与他不相干底道家所主张的道论放在政治术里所露出来底破绽。假如说老子里所指的道应作两而观，一是超乎现象，混混沌沌的道，或根本道；一是从根本道所生，而存于万物当中的道，或变易道，那么这道的两方面底关系如何，也不能找出。

　　人生的根本欲望是生底意志，如果修己治人要无欲无为，就不能不否定人间，像佛教一样，主张除灭意志和无生。现在书中找不出一句含有这种意义底句子。老子也含有中国思想底特性，每一说理便是解释现实，生活的直接问题，不但肯定人生，并且指示怎样保持生活的方术。人的本性与道的本质底关系如何，老子一样地没有说明，甚至现出矛盾。如五十六章'知者不言，言者不知'是书中最矛盾的一句话。知者和言者都是有为，不言可以说是无作为，不知却不能说是无为。既然主张无为，行不言之教，为什么还立个知者？既然弃知，瞎说一气，岂不更妙！大概这两句是当时流俗的谣谚，编《老子》底引来讽世底。《老子》中这类矛盾思想大抵都含着时代的背景。编者或撰者抱着反抗当时的文化、道德和政治。在那时候，人君以术临民，人民以智巧相欺，越讲道德仁义，人生越乱，于是感到教育无功，政治无效，智慧无利，言说无补。在文化史上，这种主张每出现于社会极乱底时代，是颓废的，消极的，这种思想家，对于人生只理会它底腐败的、恶的、破坏的和失败的方面，甚至执持诡辩家或嬉笑怒骂底态度。他对于现实的不满常缺乏革新底理想，常主张复古。这可以叫做黑暗时代哲学，或乱世哲学。

乱世哲学的中心思潮只能溢出两条路，一是反抗既成的组织与已立的学说，二是信仰机械的或定命的生活。走这两条路底结果，是返古主义与柔顺主义。因为目前的制度、思想等，都被看为致乱底根由，任你怎样创立新法，只会越弄越坏，倒不如回到太古的朴素生活好。又，无论你怎样创制，也逃不了已定的命运，逃不了那最根本的法理或道。这思想的归宿，对于前途定抱悲观，对于自我定成为独善主义甚至利己主义。在《老子》里尽力地反对仁义孝慈，鼓吹反到古初的大道。伦常的观念一点也没有，所以善恶底界限也不必分明。第二十章'善之与恶，相去若何？'便是善恶为无分别底口气。在实际生活上，这是不成的，《老子》里所说的道尽管玄妙，在实践上免不了显示底疏忽和矛盾底原故即在这上头。不讲道德，不谈制度，便来说取天下，结果非到说出自欺欺人底话不可。

老子的玄学也很支离，并不深妙。所说一生二，乃至生万物，并未说明为什么这样生法。道因何而有？欲因何而生？'玄之又玄，'是什么意思？编纂者或作者都没说明。我们到处可以看出书中回避深沉的思索和表示冥想及神秘的心态。佛家否定理智，却常行超越理智的静虑，把达到无念无想的境地来做思惟底目的。道家不但没有这个，反要依赖理智去过生活。这样，无论文如何，谈不到玄理，只能在常识底范围里说一两句聪明话，什么'婴儿'、'赤子'、'侯王'、'刍狗'、'雄雌'、'玄牝之门'等等，都搬出来了。这样的思想只能算是常识的思考，在思想程度上算不了什么，因为它底根本精神只在说明怎样过日子。如果硬要加个哲学的徽号，至多只能说是处世哲学罢了。

10. 谈抽烟

——朱自清

　　有人说，"抽烟有什么好处？还不如吃点口香糖，甜甜的，倒不错。"不用说，你知道这准是外行。口香糖也许不错，可是喜欢的怕是女人孩子居多；男人很少赏识这种玩意儿的；除非在美国，那儿怕有些个例外。一块口香糖得咀嚼老半天，还是嚼不完，凭你怎么斯文，那朵颐的样子，总遮掩不住，总有点儿不雅相。这其实不像抽烟，倒像衔橄榄。你见过衔着橄榄的人？腮帮子上凸出一块，嘴里不时地滋儿滋儿的。抽烟可用不着这么费劲；烟卷儿尤其省事，随便一叼上，悠然的就吸起来，谁也不来注意你。抽烟说不上是什么味道；勉强说，也许有点儿苦吧。但抽烟的不稀罕那"苦"而稀罕那"有点儿"。他的嘴太闷了，或者太闲了，就要这么点儿来凑个热闹，让他觉得嘴还是他的。嚼一块口香糖可就太多，甜甜的，够多腻味；而且有了糖也许便忘记了"我"。

抽烟其实是个玩意儿。就说抽卷烟吧，你打开匣子或罐子，抽出烟来，在桌上顿几下，衔上，擦洋火，点上。这其间每一个动作都带股劲儿，像做戏一般。自己也许不觉得，但到没有烟抽的时候，便觉得了。那时候你必然闲得无聊；特别是两只手，简直没放处。再说那吐出的烟，袅袅地缭绕着，也够你一回两回地捉摸；它可以领你走到顶远的地方去。——即便在百忙当中，也可以让你轻松一忽儿。所以老于抽烟的人，一叼上烟，真能悠然遐想。他霎时间是个自由自在的身子，无论他是靠在沙发上的绅士，还是蹲在阶上的瓦匠。有时候他还能够叼着烟和人说闲话；自然有些含含糊糊的，但是可喜的是那满不在乎的神气。这些大概也算是游戏三昧吧。

好些人抽烟，为的有个伴儿。譬如说一个人单身住在北平，和朋友在一块儿，倒是有说有笑的，回家来，空屋子像水一样。这时候他可以摸出一支烟抽起来，借点儿暖气。黄昏来了，屋子里的东西只剩些轮，暂时懒得开灯，也可以点上一支烟，看烟头上的火一闪一闪的，像亲密的低语，只有自己听得出。要是生气，也不妨迁怒一下，使劲儿吸他十来口。客来了，若你倦了说不得话，或者找不出可说的，于坐着岂不着急？这时候最好拈起一支烟将嘴堵上等你对面的人。若是他也这么办，便尽时间在烟子里爬过去。各人抓着一个新伴儿，大可以盘桓一会的。

从前抽水烟旱烟，不过一种不伤大雅的嗜好，现在抽烟却成了派头。抽烟卷儿指头黄了，由它去。用烟嘴不独麻烦，也小气，又跟烟隔得那么老远的。今儿大褂上一个窟窿，明儿坎肩上一个，由他去。一支烟里的尼古丁可以毒死一个小麻雀，也由它去。总之，蹩蹩扭扭的，其实也还是"满不在乎"罢了。烟有好有坏，味有浓有淡，能够抽辨味的是内行，不择烟而抽的是大方之家。

1933 年 10 月 11 日作

11．人话

——朱自清

　　在北平呆过的人总该懂得"人话"这个词儿。小商人和洋车夫等等彼此动了气，往往破口问这么句话：

　　你懂人话不懂？——要不就说：

　　你会说人话不会？

　　这是一句很重的话，意思并不是问对面的人懂不懂人话，会不会说人话，意思是骂他不懂人话，不会说人话。不懂人话，不会说人话，干脆就是畜生！这叫拐着弯儿骂人，又叫骂人不带脏字儿。不带脏字儿是不带脏字儿，可到底是"骂街"，所以高尚人士不用这个词儿。他们生气的时候也会说"不通人性"，"不像人"，"不是人"，还有"不像话"，"不成话"等等，可就是不肯用"人话"这个词儿。"不像话"，"不成话"，是没道理的意思；"不通人性"，"不像人"，"不是人"还不就是畜生？比起"不懂人话"，"不说人话"来，还少拐了一个弯儿呢。可是高尚人士要在人背后才说那些话，当着面大概他们是不说的。这就听着火气小，口气轻似的，听惯了这就觉得"不通人性"，"不像人"，"不是人"那几句来得斯文点儿，不像"人话"那么野。其实，按字面儿说，"人话"倒是个含蓄的词儿。

　　北平人讲究规矩，他们说规矩，就是客气。我们走进一家大点儿的铺子，总有个伙计出来招待，哈哈腰说，"您来啦!"出来的时候，又是个伙计送客，哈哈腰说，"您走啦，不坐会儿啦？"这就是规矩。

洋车夫看同伙的问好儿，总说，"您老爷子好？老太太好？""您少爷在那儿上学？"从不说"你爸爸"，"你妈妈"，"你儿子"，可也不会说"令尊"，"令堂"，"令郎"那些个，这也是规矩。有的人觉得这些都是假仁假义，假声假气，不天真，不自然。他们说北平有官气，说这些就是凭据。不过天真不容易表现，有时也不便表现。只有在最亲近的人面前，天真才有流露的机会，再说天真有时就是任性，也不一定是可爱的。所以得讲规矩。规矩是调节天真的，也就是"礼"，四维之首的"礼"。礼须要调节，得有点儿做作是真的，可不能说是假。调节和做作是为了求中和，求平衡，求自然——这儿是所谓"习惯成自然"。规矩也罢，礼也罢，无非教给人做人的道理。我们现在到过许多大城市，回想北平，似乎讲究规矩并不坏，至少我们少碰了许多硬钉子。讲究规矩是客气，也是人气，北平人爱说的那套话都是他们所谓"人话"。

别处人不用"人话"这个词儿，只说讲理不讲理，雅俗通用。讲理是讲理性，讲道理。所谓"理性"（这是老名词，重读"理"字，翻译的名词"理性"，重读"性"字）自然是人的理性，所谓道理也就是做人的道理。现在人爱说"合理"，那个"理"的意思比"讲理"的"理"宽得多。"讲理"当然"合理"，这是常识，似乎用不着检出西哲亚里士多德的大帽子，说"人是理性的动物"。可是这句话还是用得着，"讲理"是"理性的动物"的话，可不就是"人话"？不过不讲理的人还是不讲理的人，并不明白的包含着"不懂人话"，"不会说人话"所包含着的意思。讲理不一定和平，上海的"讲茶"就常教人触目惊心的。可是看字面儿，"你讲理不讲理？"的确比"你懂人话不懂"，"你会说人话不会？"和平点儿。"不讲理"比"不懂人话"，"不会说人话"多拐了个弯儿，就不至于影响人格了。所谓做人的道理大概指的恕道，就是孔子所说的"己所不欲，勿施于人"。

而"人话"要的也就是恕道。按说"理"这个词儿其实有点儿灰色，赶不上"人话"那个词儿鲜明，现在也许有人觉得还用得着这么个鲜明的词儿。不过向来的小商人洋车夫等等把它用得太鲜明了，鲜明得露了骨，反而糟蹋了它，这真是怪可惜的。

1943 年 5 月 25 日作

12. 领带

——梁实秋

在国外，打领带西装笔挺的传统，大概由两种人在维持。银行行员与大公司行号应对顾客的职员，他们永远是浑身上下一套西眼，光光溜溜一尘不染，系着一条颜色深沉并不耀眼的领带。如果他不修边幅，蓬着头发，敞着胸口，谁愿意和他做交易？打上领结就可以增几分令人愉快而且可以令人信赖的感觉。殡仪馆的执事们，为了配合肃穆的气氛，也没有不打领带的。

自从我们这里发生一件儿子勒死爸爸的案子之后，即有人一见领带就发毛。大家都梳辫子的时候，和人打架动手过招，最忌被对方揪住小辫儿，因为辫子被人揪住，就不能自由转动脑袋，势必被人扯得前仰后合，终于落败。那儿子勒死爸爸，只为了讨五十元零用钱未遂，未必蓄意置人于死，可是领结是个活套，越拉越紧，老人家的细细脖子怎么禁得起，一时缺氧，遂成千古。领带比辫子危险能致人命。如果不系领带，可能逃过一劫。

系领带也没有什么太不好，只是麻烦些。每天早起盥洗刮脸固定的一套仪式已经够烦，还要在许多条五颜六色的领带中间选择一条出来，打在颈上可能一端长一端短，还须重新再打，打好之后，披上衣服，对镜一照，可能颜色图案与内衣外服都不调和，还须拆了再打。往复折腾两次，不由人不要冒火。其实这个问题容易解决，曾听高人指点：衣装花俏则领带要素，衣装朴素则领带不妨鲜明。懂得这个原则，自由斟酌，无往不利。当然，领带的色彩图案，千奇百怪，总之是要和人的身份相称，也要顾到时地是否相宜。二十多年前有人自海外来，送我一条领带，黄色的，纯黄色的，黄到不能再黄，我一直找不到适当时机佩带它，烂在箱底，也许过马路斑马线的时候系这领带格外醒目。

人的服装，于御寒之外，本来有求美观的因素在内，男人的西装在色彩方面总嫌单调，系上一条悦目而不骇人的领带也不能算是过分……雄狮有一头蓬散的鬣毛，老虎豹有满身的斑纹斑点，人呢？一脸络腮胡子是常惹人厌的。无可奈何，在脖子上系一条色彩分明的领带，虽说迹近招摇，但是用心良苦。至于说领带系颈，使胸口免受风寒，预防感冒，也许是实情，也许是遁词吧。

13. 感恩之心

——林清玄

我常觉得，生命是一项奇迹。

一株微不足道的小草，竟开出像海洋一样湛蓝的花。

一双毫不起眼的鸟儿，在树头唱出远胜小提琴的夜曲。

在山里完全没有人看见的地方，一颗大树几千年自在地生长。

在冰雪封冻的大地，仍有许多生命在那里唱歌跳舞，保有永不枯竭的暖意。

当我们在星夜里，抬头望向无垠的天际，感于宇宙之大，真要叫人落泪，这宇宙里有无数的星球，我们的地球在星球之中有如整个海岸沙滩的一粒沙，那样不可思议的渺小。

但在这样渺小的地方，有着生命、有着爱、有着动人的歌声，这样落实下来，就感到人是非常壮大而庄严的，生活在我们四周的生命也一样的庄严而壮大。

生命是短暂的，然而即使不断的生死，也带不走穿过意识的壮大与庄严之感。

今天在乡下的瓜棚看见几个绿色的瓜成熟了，我怀着感恩之心看着这几个瓜。看呀！一切都是现成的。这世界从不隐瞒我们，它是那样的简单和纯粹！

就是一个瓜，也是明明白白，感恩的来面对世界。

14. 怎么能……

——叶圣陶

"这样的东西，怎么能吃的！"

"这样的材料，这样的裁剪，这样的料理，怎么能穿的！"

"这样的地方，既……又……怎么住得来！"

听这类话，立刻会想起这人是懂得卫生的法子的，非惟懂得，而且能够"躬行"。卫生当然是好事，谁都该表示赞同。何况他不满意的只是东西，材料，裁剪，料理，地方等等，并没有牵动谁的一根毫毛，似乎人总不应对他起反感。

反省是一面莹澈的镜子，它可以照见心情上的玷污，即使这些玷污只有苍蝇脚那么细。说这类话的人且莫问别人会不会起反感，先自己反省一下吧。

当这类话脱口而出的时候，未必怀着平和的心情吧。心情不平和，可以想见发出的是怎么一种声调。而且，目光，口腔，鼻子，从鼻孔画到口角的条纹，也必改了平时的模样。这心情，这声调，这模样便配合成十足傲慢的气概。

傲慢必有所对。这难道对于东西等等而傲慢么？如果是的，东西等等原无所知，倒也没有什么，虽然傲慢总教人不大愉快。

但是，这实在不是对东西等等而傲慢。所谓"怎么能……"者，不是不论什么人"怎么能……"，乃是"我怎么能……"也。须要注意，这里省略了一个"我"字。"我怎么能……"的反面，不用说了，自然是"他们能……，他们配……，他们活该……。"那么，到底是对谁？不是对"我"以外的人而傲慢么？

对人傲慢的看自己必特别贵重。就是这极短的几句话里，已经表现出说话的是个丝毫不肯迁就的古怪的宝贝。他不想他所说"怎么能……"的，别人正在那里吃，正在那里穿，正在那里住。人总是个人，为什么人家能而他偏"怎么能……"？难道就因为他已经懂得卫生的法子么？他更不想他所说"怎么能……"的，还有人求之而不得，正在想"怎么能得到这个"呢。

对人傲慢的又一定遗弃别人。别人怎样他都不在意，但他自己非满足意欲不可的。"自私"为什么算是不好，要彻底讲，恐怕很难。姑且马虎一点说，那么，人间是人的集合，"自私"会把这集合分散，所以在人情上觉得它不好。不幸得很，不顾别人而自己非满足意欲不可的就是极端的自私者。

这样一想，这里头罅漏实在不少，虽然说话时并不预备有这些罅

89

漏。可是，懂得卫生法子这一点点是好的，因为知道了生活的方法如何是更好。

不过生活是普遍于人间的。知道了生活方法如何是更好，在不很带自私气味的人就会想"得把这更好的普遍于人间才是"。于是来了种种的谋划，种种的努力。至于他自己，更不用担以外的心，更好的果真普遍了，会单把他一个除外么？

所以，知道更好的生活方法，吐出"怎么能……"一类的恶劣语，表示意欲非满足不可，满足了便沾沾自喜，露出暴发户似的亮光光的脸，这样的人虽然生活得很好，决不是可以感服的。在满面菜色的群众里吃养料充富的食品，在衣衫褴褛的群众里穿适合身体的衣服，羞耻也就属于这个人了，群众是泰然毫无愧作的，虽然他们不免贫穷或愚蠢。

人间如真有所谓英雄，真有所谓伟大的人物，那必定是随时考查人间的生活，随时坚强地喊"人间怎么能……"而且随时在谋划在努力的。

15．渐

——丰子恺

使人生圆滑进行的微妙的要素，莫如"渐"；造物主骗人的手段，也莫如"渐"。在不知不觉之中，天真烂漫的孩子"渐渐"变成野心勃勃的青年；慷慨豪侠的青年"渐渐"变成冷酷的成人；血气旺盛的成人"渐渐"变成顽固的老头子。因为其变更是渐进的，一年一年地、一月一月地、一日一日地、一时一时地、一分一分地、一秒一秒地渐进，犹如从斜度极缓的长远的山坡上走下来，使人不察其递降的痕迹，不见其各阶段的境界，而似乎觉得常在同样的地位，恒久不变，又无时不有生的意趣与价值，于是人生就被确实肯定，而圆滑进行了。假使人生的进行不像山坡而像风琴的键板，由 do 忽然移到 re，即如昨夜的孩子今朝忽然变成青年；或者像旋律的"接离进行"地由 do 忽然跳到 mi，即如朝为青年而夕暮忽成老人，人一定要惊讶、感慨、悲伤、或痛感人生的无常，而不乐为人了。故可知人生是由"渐"维持的。这在女人恐怕尤为必要：歌剧中，舞台上的如花的少女，就是将来火炉旁边的老婆子，这句话，骤听使人不能相信，少女也不肯承认，实则现在的老婆子都是由如花的少女"渐渐"变成的。

　　人之能堪受境遇的变衰，也全靠这"渐"的助力。巨富的纨绔子弟因屡次破产而"渐渐"荡尽其家产，变为贫者；贫者只得做佣工，佣工往往变为奴隶，奴隶容易变为无赖，无赖与乞丐相去甚近，乞丐不妨做偷儿……这样的例，在小说中，在实际上，均多得很。因为其变衰是延长为十年二十年而一步一步地"渐渐"地达到的，在本人不感到什么强烈的刺激。故虽到了饥寒病苦刑答交迫的地步，仍是熙熙然贪恋着目前的生的欢喜。假如一位千金之子忽然变了乞丐或偷儿，这人一定愤不欲生了。

　　这真是大自然的神秘的原则，造物主的微妙的工夫！阴阳潜移，春秋代序，以及物类的衰荣生杀，无不暗合于这法则。由萌芽的春"渐渐"变成绿阴的夏，由凋零的秋"渐渐"变成枯寂的冬。我们虽已经历数十寒暑，但在围炉拥衾的冬夜仍是难于想象饮冰挥扇的夏日的心情；反之亦然。然而由冬一天一天地、一时一时地、一分一分地、一秒一秒地移向夏，由夏一天一天地、一时一时地、一分一分地、一秒一秒地移向冬，其间实在没有显著的痕迹可寻。昼夜也是如此：傍晚坐在窗下看书，书页上"渐渐"地黑起来，倘不断地看下去（目力能因了光的渐弱而渐渐加强），几乎永远可以认识书页上的字迹，即不觉昼之已变为夜。黎明凭窗，不瞬目地注视东天，也不辨自夜向昼的推移的痕迹。儿女渐渐长大起来，在朝夕相见的父母全不觉得，难得见面的远亲就相见不相识了。往年除夕，我们曾在红蜡烛底下守候水仙花的开放，真是痴态！倘水仙花果真当面开放给我们看，便是大自然的原则的破坏，宇宙的根本的摇动，世界人类的末日临到了！

"渐"的作用，就是用每步相差极微极缓的方法来隐蔽时间的过去与事物的变迁的痕迹，使人误认其为恒久不变。这真是造物主骗人的一大诡计！这有一件比喻的故事：某农夫每天早晨抱了犊而跳过一沟，到田里去工作，夕暮又抱了它跳过沟回家。每日如此，未尝间断。过了一年，犊已渐大，渐重，差不多变成大牛，但农夫全不觉得，仍是抱了它跳沟。有一天他因事停止工作，次日再就不能抱了这牛而跳沟了。造物的骗人，使人流连于其每日每时的生的欢喜而不觉其变迁与辛苦，就是用这个方法的。人们每日在抱了日重一日的牛而跳沟，不准停止。自己误以为是不变的，其实每日在增加其苦劳！

我觉得时辰钟是人生的最好的象征了。时辰钟的针，平常一看总觉得是"不动"的；其实人造物中最常动的无过于时辰钟的针了。日常生活中的人生也如此，刻刻觉得我是我，似乎这"我"永远不变，实则与时辰钟的针一样的无常！一息尚存，总觉得我仍是我，我没有变，还是流连着我的生，可怜受尽"渐"的欺骗！

"渐"的本质是"时间"。时间我觉得比空间更为不可思议，犹之时间艺术的音乐比空间艺术的绘画更为神秘。因为空间姑且不追究它如何广大或无限，我们总可以把握其一端，认定其一点。时间则全然无从把握，不可挽留，只有过去与未来在渺茫之中不绝地相追逐而已。性质上既已渺茫不可思议，份量上在人生也似乎太多。因为一般人对于时间的悟性，似乎只够支配搭船乘车的短时间；对于百年的长期间的寿命，他们不能胜任，往往迷于局部而不能顾及全体。试看乘火车的旅客中，常有明达的人，有的宁牺牲暂时的安乐而让其座位于老弱者，以求心的太平（或博暂时的美誉）；有的见众人争先下车，而退在后面，或高呼"勿要轧，总有得下去的！""大家都要下去的！"然而在乘"社会"或"世界"的大火车的"人生"的长期的旅客中，就少有这样的明达之人。所以我觉得百年的寿命，定得太长。像现在的世界上的人，倘定他们搭船乘车的期间的寿命，也许在人类社会上可减少许多凶险残惨的争斗，而与火车中一样的谦让，和平，也未可知。

然人类中也有几个能胜任百年的或千古的寿命的人。那是"大人格"，"大人生"。他们能不为"渐"所迷，不为造物所欺，而收缩无限的时间并空间于方寸的心中。故佛家能纳须弥于芥子。中国古诗人（白居易）说："蜗牛角上争何事？石火光中寄此身。"英国诗人（Blake）也说："一粒沙里见世界，一朵花里见天国；手掌里盛住无限，一刹那便是永劫。"

16. 谈梦

——吴组缃

我常常想写点小小文章来记叙我的梦。我差不多每晚都有梦。有时一夜两三起，有时杂碎模糊，简直点不清有多少起。在量上既已这样的可观，而在内质上也是很不含糊的；除去少数几个经常做的而外，内容大多稀奇怪诞，极尽变化；而且又有一个统一的风格，就是把自己表现得非常怯弱，苦恼。总之是极不愉快。我每次醒过来，把梦中

93

情景回想一番，就不免惊讶：我怎么竟又做出这样的一个梦！自己暗暗惭愧，觉得有点腻烦。

现在这些梦大般都已经记不得了。但因一则脑里还有依稀的残留印象可考，二则我每晚仍旧继续着在做，所以我现在还能勉强说得出一个大概。我粗粗归了一归类，其中大约还有几个细目。

一种是颇有点惊险的。普通这类梦有一个俗套：比如不知道在那里，忽然觉得脚下一空，从高处跌到黑洞里，吓得身肢在床上一跌跳，立刻惊醒。这样子的梦，既无所谓头；又因立刻惊醒，所以也没尾，只是突如其来的一跳就完。做法相当的精警，但究竟不脱窠臼。我现在还记得另外两个梦，也是应该归入这一类的。一个是独自在外面游玩，忽然听见头顶上有哔哔叭叭的爆炸声。抬头一看，满天飞舞着大块石条。那石条有的从极高，高到不可见的云端里落下来，有的是从远处横刺里飞过来，一面飞舞，一面大声地炸裂。同时眼前映满可怕的红光，耳里又响起敲铜盆的声音——足足像有一千只铜盆在敲。这时定睛看，天上有几百个太阳在急剧地窜跳，每一个都红得非常可怕，不住和那些石条石块碰轧着。一碰轧，就訇然大响，往地上掉落。我抱住头，想跑；一看脚下，呵呀，不得了！原来我是站在冰上，冰也已经开始溶解，一块块地在水面飘浮，涌流。我站的那一块原有桌面那么大，可是霎眼之间就已裂开。我站不住这一块，就连忙跳上另一块。如此慌张地来去蹦跳，毫无办法，急得心肝跳到喉腔里，头痛得要炸裂，脚下已经一点气力都没有，支撑不住，一滑就跌到水里。还有一个是前天晚上刚做的，也是在郊外游玩，有四五位朋友在一起，好像正在草地上举行"皮克匿克"似的。我们大声地说笑，吃东西，好不热闹。突然大家全都沉默起来，空气骤然转变得严肃可怖。我起初没觉得，口里还是不住说话。在我对面的一位朋友瞪着惧怕的眼珠，对我摇手。我这才知道我们是在一个广漠的荒郊上，满郊满野无处不是成群结队地走动着各种硕大凶恶的野兽。我们的身边已经围满这类野兽，其中有象那么大的狮子，有象那么大的老虎，有汽车那么大的白鼠等等，等等。它们一个个对我们蹲着，舔舌头，眨眼睛。其时蹲在我身边的一只大老虎就慢慢站起来，张开血盆似的嘴，伸出大舌头，先在我的腮巴上舔了一下，而后，大吼一声。我心里明白它要做什么了，等它第二次对我的脑袋张口时，我就吐一口唾沫在它嘴里。它把舌头嘴巴舔咂一回，咽下我那口唾沫。不一会，重又张嘴，我再吐一口。如此一张一吐，一张一吐，渐渐我口里已经干燥非常，很不容易搜罗唾沫。心里有点急，就向我的同伴求助。一位同伴说："你囫囵跳到它肚里去"我想这倒是办法，但急切不可措手。我的同伴帮着我推了一把，我这才觉得是在老虎肚里了。其时胸口十分室闷，浑身大痒，自己一看，我的四肢都消解得模糊不堪，像一只在水里浸透的泥菩萨了。我不得不急得大叫。这个梦，惊险中掺和一点诙谐，所以是另具一格的。

　　一种是属于恐怖一类的，这类梦我做得最多，可惜现在都已说不完全，只能就记得住的约略说一两个。一个是觉得自己还是个小孩子，独自走到屋后的仓房里去玩。这仓房只在秋季收稻的时候热闹一番。过后就用一把上锈的大铁锁锁上，不再有人去走动，只任耗子黄鼠狼之类去做世界了。我梦里的这仓房，就正在锁着的时候。我不知为什么要走上去推那锁着的门，那门忽然大开，从里面摔出许多乱石瓦砾和一些女人用的裹脚布和红肚兜之类。东西摔出，门也随即关上。四面一看，阒无人迹，一时吓得想哭。那门忽又大开，又是一些女人的褻衣和瓦砾摔将出来。摔罢，门又重新关上……此梦当时很复杂，但现在记得的只这一个大概而已。另一个记得稍稍详细一点。是说自己在一座古庙里游玩。庙里有许多人在烧香，杂沓不堪，我背着手走来走去，忽然看见神龛里一个金脸菩萨把舌头一伸，对我做一个鬼脸，随即恢复原状。我吓了一跳，赶紧要把这个秘密告诉那些烧香的人。一看，刚才烧香的那些人，并不是人，原来都是菩萨，已经一个个沉着脸，瞪着眼，一点都不动了。我发现这庙里除我而外，并没第二个人，大吃一惊，拉开脚就往外跑。然而外面山门两旁也都站着高大可怕的菩萨，有的像是四大金刚，有的像是黑白无常，有的像是钟馗，闻太师。他们正在互相谈着话，嗓子极其粗亮，像打铜锣一般；看见我，大家立刻停止谈话，停住动作，恢复菩萨的模样。我看看他们那高大可怕的身体，自觉自己的渺小。心里又知道他们种种的诡诈，无非都在对付我一个人。醒过来一身大汗。

有一天白昼小睡，梦到自己在一条小河中洗澡。河岸的石罅里忽然跳出一只小小哈巴狗，全身黑色，黑得可爱。它看见我，立即游水到我的跟前，在我的腰上百般呵痒。我忍禁不住，格格大笑不止。心里觉得害怕，想反抗，可是一点气力都没有。还有几个经常做的梦，其一是飞在半空中，身体平伏，如游水的姿势。飞得老是像墙头那么高，心里极想飞得再高一点，可是浑身酥软乏力，两条腿尤其像是面粉做成的一般，没法再望上飞，觉得说不出的苦恼急闷。另一个想大家也常做的。便是在一种半睡半醒的情形下，觉得有个东西压在胸口，浑身瘫软，一动也不能动。这两种梦和那"小哈巴狗呵痒"我觉得都属一类。胸口受压，是完全使人苦闷难过的；飞在空中的一种，逍遥中含有极大的苦痛；至于那哈巴狗的一种，稍稍有点快感，然而愉快远不及难过的成分多，而且渗和了不少可怕的空气（那哈巴狗又可爱，又可怕，如聊斋中的年轻美女），情味比较复杂。风格虽各各不同，然其使人觉得软瘫无力，苦闷难过则是一样的。

我在小学中学读书的时候，最怕做算术，最喜欢下象棋。到现在算术已四五年不必去做，就是象棋也久已不下了。然而却常在梦中梦到。做这类梦，有一定的时期，好比思虑过度，身上有病，或精神不爽时，一合眼便要做。梦中觉得是在课堂里上算术，先生突然发卷子，说要考。题目接到手一看，都是自己没学过的，一道也不懂。心里一急，不知如何得了！有一次竟急得"丹田"一热，闹下一件不可告人的事。梦中下象棋也是很苦痛的，老觉得被人将着军。将老头子逃到这边，这边"将"军；逃到那边，那边"将"军。此时苦得不得了，恨不得乱抓胸口，大声叫号。这两个气味相同的梦我已做了多年，现在还不时要做。真是此生极大苦事。

还有一种是使人嫌恶一类的。这一类，有的是发现遍地是蛇，自己简直无处落脚。有的是发现自己在一座极大的茅厕里，满墙满壁，满地满板，无处不是蛆虫，无处不是粪便，这样的梦每逢东西吃多的时候，可以一夜连做许多个。一翻身一个，一翻身一个，直闹得不敢再睡为止。但印象最深，使我现在想起来还不禁要恶心的是前几天中秋节那晚做的一个。这个梦我实在有点不愿意说——我约略说一下罢。是在一个亲戚家里。这亲戚是个四十多岁的寡妇，死去多年了。她阴沉着脸，很亲热的款待我，我心知她是鬼，可是并不怕她。她端出一只锅子来，叫我吃点心。我不愿意吃，但她劝得我没奈何，只得钳了一筷子，吃到口里，觉得味道不对。站起来一看，那锅子里是一只白猫子，囫囵地泡在汤里，肚皮向上，挺着眼珠已经腐烂不堪了。我觉得满口里沾着细毛，满口里是腥臭，不禁大吐。恶……

像我这样的人，每天过着从卧床到书桌，从书桌到卧床的呆板生活，却能在睡梦里得到一点不平凡的体验，在起初我是私心窃喜的，纵然这些梦都是如何的不愉快。可是等到我每夜都做着这样的梦；仔细想想，又感觉得它们是多么荒诞无稽，多么没有意思的时候，我就十分腻烦，腻烦得有点不能忍耐了。

17. 祝土匪

——林语堂

莽原社诸朋友来要稿，论理莽原社诸先生既非正人君子又不是当代名流，当然有与我合作之可能，所以也就慨然允了他们，写了几字凑数，补白。

然而又实在没有工夫，文士们（假如我们也可以冒充文士）欠稿债，就同穷教员欠房租一样，期一到就焦急。所以没工夫也得挤，所要者挤出来的是我们自己的东西，不是挪用，借光，贩卖的货物，便不至于成文妖。

于短短的时间，要做长长的文章，在文思迟滞的我是不行的。无已，姑就我要说的话有条理的或无条理的说出来。

近来我对于言论界的职任及性质渐渐清楚。也许我一时所见是错误的，然而我实在还未老，不必装起老成的架子，将来升官或入研究系时再来更正我的主张不迟。

言论界，依中国今日此刻此地情形，非有些土匪傻子来说话不可。这也是祝莽原恭维《莽原》的话，因为莽原即非太平世界，《莽原》之主稿诸位先生当然很愿意揭竿作乱，以土匪自居。至少总不愿意以"绅士""学者"自居，因为学者所记得的是他的脸孔，而我们似乎没有时间顾到这一层。

现在的学者最要紧的就是他们的脸孔，倘是他们自三层楼滚到楼底下，翻起来时，头一样想到是拿起手镜照一照看他的假胡须还在乎，金牙齿没掉么，雪花膏未涂污乎，至于骨头折断与否，似在其次。

　　学者只知道尊严，因为要尊严，所以有时骨头不能不折断，而不自知，且自告人曰，我固完肤也，呜呼学者！呜呼所谓学者！

　　因为真理有时要与学者的脸孔冲突，不敢为真理而忘记其脸孔者则终必为脸孔而忘记真理，于是乎学者之骨头折断矣。骨头既断，无以自立，于是"架子"，木脚，木腿来了。就是一副银腿银脚也要觉得讨厌，何况还是木头做的呢？

　　托尔斯泰曾经说过极好的话，论真理与上帝孰重，他说以上帝为重于真理者，继必以教会为重于上帝，其结果必以其特别教门为重于教会，而终必以自身为重于其特别教门。

　　就是学者斤斤于其所谓学者态度，所以失其所谓学者，而去真理一万八千里之遥。说不定将来学者反得让我们土匪做。

　　学者虽讲道德，士风，而每每说到自己脸孔上去，所以道德，士风将来也由土匪来讲不可。

　　一人不敢说我们要说的话，不敢维持我们良心上要维持的主张，这边告诉人家我是学者，那边告诉人家我是学者，自己无贯彻强毅主张，倚门卖笑，双方讨好，不必说真理招呼不来，真理有知，亦早已因一见学者脸孔而退避三舍矣。

　　惟有土匪，既没有脸孔可讲，所以比较可以少作揖让，少对大人物叩头。他们既没有金牙齿，又没有假胡须，所以自三层楼上滚下来，比较少顾虑，完肤或者未必完肤，但是骨头可以不折，而且手足嘴脸，就使受伤，好起来时，还是真皮真肉。

　　真理是妒忌的女神，归奉她的人就不能不守独身主义，学者却家里还有许多老婆，姨太太，上坑老妈，通房丫头。然而真理并非靠学者供养的，虽然是妒忌，却不肯说话，所以学者有所真怕的还是家里的老婆，不是真理。

　　惟其有许多要说的话学者不敢说，惟其有许多良心上应维持的主张学者不敢维持，所以今日的言论界还得有土匪傻子来说话。土匪傻子是顾不得脸孔的，并且也不想将真理贩卖给大人物。

土匪傻子可以自慰的地方就是有史以来大思想家都被当代学者称为"土匪""傻子"过。并且他们的仇敌也都是当代的学者，绅士，君子，士大夫……。自有史以来，学者，绅士，君子，士大夫都是中和稳健，他们的家里老婆不一，但是他们的一副面团团的尊容，则无古今中外东西南北皆同。

然而土匪有时也想做学者，等到当代学者夭灭殇亡之时。到那时候，却要请真理出来登极。但是我们没有这种狂想，这个时候还远着呢，我们生于草莽，死于草莽，遥遥在野外莽原，为真理喝彩，祝真理万岁，于愿足矣。

只不要投降！

1925，12，28

18. 我为什么生活

——罗 素

三种单纯然而极其强烈的激情支配着我的一生，那就是对于爱情的渴望，对于知识的寻求，以及对于人类苦难痛彻肺腑的怜悯。这些激情犹如狂风，把我在伸展到绝望边缘的深深的苦海上东抛西掷，使我的生活没有定向。我追求爱情，首先因为它叫我销魂，爱情令人销魂的魅力使我常常乐意为了几小时这样的快乐而牺牲生活中的其他一切。我追求爱情，又因为它减轻孤独感——那种一个颤抖的灵魂望着世界边缘之外冰冷而无生命的无底深渊时所感到的可怕的孤独。

我追求爱情，还因为爱的结合使我在一种神秘的缩影中提前看到了圣者和诗人曾经想象过的天堂。这就是我所追求的，尽管人的生活似乎还不配享有它，但它毕竟是我终于找到的东西。

我以同样的热情追求知识。我想理解人类的心灵。我想了解星辰为何灿烂。我还试图弄懂毕达哥拉斯学说的力量，是这种力量使我在无常之上高踞主宰地位。我在这方面略有成就，但不多。

爱情和知识只要存在，总是向上导往天堂。但是，怜悯又总是把我带回人间。痛苦的呼喊在我心中反响、回荡。孩子们受饥荒煎熬，无辜者被压迫者折磨，孤弱无助的老人在自己的儿子眼中变成可恶的累赘，以及世上触目皆是的孤独、贫困和痛苦——这些都是对人类应该过的生活的嘲弄。我渴望能减少罪恶，可我做不到，于是我也感到痛苦。

这就是我的一生。我觉得这一生是值得活的。如果真有可能再给我一次机会，我将欣然重活一次。

19. 上帝的梦

——钱钟书

那时候，我们的世界已经给科学家、哲学家和政治家训练得驯服，沿着创化论、进化论、层化论、优生学、"新生活运动"的规律，日新月进。今天淘汰了昨天的生活方式，下午增高了上午的文化程度。生活和文明瞬息千变，变化多得历史不胜载，快到预言不及说。那时候，人生历程的单位是用"步"来计算；不说"过了一年"，说"又进了一步"，不说"寿终"，说"行人止步"，不说"哀悼某人逝世"，说"笑百步五十步"——笑他没多向前进几步。在男女结合的集合上，宾客只说"双飞"，不说"双宿"；只有少数守旧的人还祝这对夫妇"保持五分钟热度"，这就等于我们现在说"白头偕老"，明知是不可能的空话。但是这种进步的世界，有一个美中不足。一切近百年史，五十年来的"文化检讨"、日记、年谱、自传、"我的几分之几的一生"，以及其他相类含有讣告性的作品，都失掉了作用。幸亏那时候的人压根儿就没工夫看书。至于写这类读物的作者呢？他们运气好，早抢先在二十世纪初叶投了胎，出世了，写了，死了，有人读了，没人读了，给人忘了。进化的定律是后来者居上。时间空间演化出无机体；无机体进而为动植物；从固定的植物里变出文静、纠缠住不放的女人；从活泼的动物里变出粗野、敢冒险的男人；男人女人创化出小孩子；小孩子推演出洋娃娃。所以，至高无上的上帝该是进化最后的产物。不过，要出产个上帝谈何容易。历史上哪一个伟人不在娘胎里住过十月才肯出世呢？像现在有四万万互相残害的子孙的黄帝，就累他母亲怀了足足二十个月的孕；正位为太上道德真君的老子也在娘胎里住了八十年，然后呱呱下地，真是名符其实的"老子"了。所以当天演的力量，经过数不清的年头，创化出一位上帝时，人类已在这世界里绝迹了——也许就为"双飞"而不"双宿"的缘故。甚至进化论者也等不及了。因此，这个充满了物质的世界同时也很空虚，宛如一个放大了无数倍的愚人的头脑。

正在深夜，古旧的黑暗温厚地掩覆住衰老的世界，仿佛沉重的眼皮盖在需要休息的眼睛上。上帝被天演的力量从虚无里直推出来，进了时空间，开始觉得自己的存在。到此刻，自古以来神学家和玄学家的证明，情人、战士、农人和贫苦人的祈祷，总算有个主儿。但是，这许多虔诚的表示，好比家人寄给流浪者的信，父母生前对于遗腹子的愿望，上帝丝毫没有领略到。他张开眼，什么都瞧不见。身子周围的寂静，无边，无底。已消逝的人类的遗习，在上帝的本能里半醒过来，他像小孩子般害怕，要啼哭。然而这寂静好久没给人声打破，结成了胶，不容许声音在中间流动。上帝省悟到这身外的寂静和心里的恐怖都是黑暗孵庇的，他从此恨黑暗，要求他所未见过、不知名的光明。这要求一刻强于一刻，过了不知多少时间忽然黑暗薄了一层，夜减少了它的压力，隐隐露出高山深谷的轮廓，眼睛起了作用，视野有了收获。这使上帝开始惊奇自己愿力的伟大。他想，他不要黑暗，黑暗就知趣让步。这还不够！本来望出去什么也没有，现在他眼睛所到，黑暗里就会生出东西，庞大地迎合着自己的目光。以前人类赞美万能创世的歌声，此时在上帝意识层下似乎又颤动着遗音和回响。

上帝也有人的脾气，知道了有权力就喜欢滥使。他想索性把黑暗全部驱除，瞧它听不听命令。咦！果然一会儿东方从灰转白，白里透红，出了太阳。上帝十分快乐，他觉得这是他要来的，听他的吩咐。他给日光射花的眼睛，自动地闭上，同时心里想："好厉害的家伙，暂时不要它。"说也奇怪，果然眼前一切立即消灭，只见一团息息不停地泛出红色的黑暗。到此地步，上帝对自己的本领和权力，不能再怀疑了。既然闭上了眼便能去掉光明，这光明准是自己眼睛里产生的。不信，试张开眼睛，你瞧，这不是太阳？那不是山和水？都千依百顺地呈献在眼里。从前公鸡因为太阳非等它啼不敢露脸，对母鸡昂然夸口，又对着太阳引吭高叫，自鸣得意。比公鸡伟大无数倍的上帝，这时候心理上也就和他们相去不远，只恨天演的历程没化生出相当于母鸡的东西来配他，听他夸口。这可不是天演的缺陷，有它科学上的根据。正像一切优生学配合出动物（譬如骡），或者受人崇拜的独裁元首，上帝是不传种的，无须配偶。不过，公鸡般的得意长鸣，还是免不了的。所以上帝不由自主哈哈大笑，这笑在旷野空谷里起了回声，使上帝佩服自己的声音能变得这样多，放得这样大，散得这样远。

这位上帝真不愧进化出来的。他跟原始人绝然不同。他全没有野蛮人初发现宇宙时的迷信和敬畏。他还保持着文明人"唯我独尊"的自信心。野蛮人随时随地相信有神道，向它屈服拜倒。上帝只发现了自己的伟大，觉得能指挥万物，无须依赖任何人。世界随他的视线蜿蜒地伸出去。脚走到哪里，地会跟到哪里，只有地平线向后退，这也表示它对自己的畏却。一切都增进他的骄傲，培养他的虚荣。他忽然需要一个伴侣。在这广漠的世界里，一个人待下去怪乏味的。要一个伴侣来解闷儿。上帝因此考虑这个伴侣该具有的条件。他的结论虽没有下面所说的那样明白，大意是相同的。

第一，这伴侣要能对自己了解。不过，这种了解只好像批评家对天才创作家的了解，能知而不能行。他的了解不会使他如法创作来和自己竞赛，只够使他中肯地赞美，妙入心坎地拍马；因为——

第二，这伴侣的作用就为满足自己的虚荣心。他该对自己无休歇地、不分皂白地颂赞，像富人家养的清客，被收买的政治家，受津贴的报纸编辑。不过，自己并没有贿赂他，这颂赞是出于他内心的感激悦服；所以——

第三，这伴侣该对自己忠实，虔诚，像——像什么呢？不但天真未凿的上帝不会知道，就是我们饱经世故，看过父子、兄弟、男女、主仆、上司和下属、领袖和爱戴者之间种种关系，也还不知道像什么。

有些人，临睡稍一思索，就会失眠。另有些人，清醒时胡思乱想，就会迷迷糊糊地入睡。上帝也许是后一种人演化出来的，他从思想滑进了睡梦。这驯服世界也跟随他到梦境里来。他梦里依然是荒山野水，水里照见自己的形象。他灵机一动，向石骨棱棱的山身上，挑比较丰肥的地方，挖了一团泥，对照水里的形象，捏成坯子，吹口气。这坯子就活动起来，向脚边俯伏，叫："全知全能的主宰呀！我将无休止的歌颂你。"上帝这时候又惊又喜的心情，简直不可拟议。假使我们是小女孩子，忽听得手里抱的洋娃娃赶着自己叫"妈妈"，或者是大学女生，忽见壁上贴的好莱坞男明星在相片里对自己做眼，低声唱："妹妹，我爱你！"也许我们能揣猜、想象他那时候心情的万分之一。可惜我们都不是。

一切宗教的圣经宝典关于黄土抟人的记载，此刻才算证实了不失为预言。上帝并不明白自己在作梦，或者梦在作弄自己。他不知道这团水泥分析起来压根儿就是梦的质料。他以为真有一个凑趣助兴的人，从此以后，赞美不必出自己的口，而能称自己的心。因为对自己最好的颂赞，是心上要说而又是耳朵里听来的，有自赞那样的周到和中肯，而又出于旁人的嘴里。咱们都有这个理想，也许都曾在梦里造个人来实现。醒时要凭空造这样一个人，可没那么容易，我们只能把现成的人作为原料加工改造，成果总不很得心应手。

上帝在人类灭绝后才出世，不知不觉中占有许多便宜。譬如两个民族相斗争时，甲族虔诚地求他惩罚乙族，乙族真挚地望他毁灭甲族，使聪明正直的他左右为难。这种困难，此时决不会发生。就像他在梦里造人，假如世间还有文人，就会惹起笔墨官司。据他把烂泥捏人一点看来，上帝无疑地有自然主义的写实作风，因为他把人性看得这样卑污，向下层去找材料。同时，他当然记得古典派的作家，因为"一切创造基于模仿"，万能的他也免不了模仿着水里的印象才能造出一个人来。不知道是古典派理论不准确呢，是上帝的手工粗劣呢，还是上帝的相貌丑陋呢，他照自己的模样造成的人，看来实在不顺眼。他想这也许由于泥坯太粗，而且初次动手，手工还没纯熟。于是他选取最细软的泥——恰是无数年前林黛玉葬花的土壤，仔细拣去沙砾，调和了山谷阴处未干的朝露，对着先造的人型，仔细观察长处短处，然后用已有经验的手指，捏制新的泥坯子。他从流水的波纹里，采取了曲线来做这新模型的体态，从朝霞的嫩光里，挑选出绮红来做它的脸色；向晴空里提炼了蔚蓝，浓缩入它的眼睛；最后，他收住一阵轻飘浮荡的风，灌注进这个泥型，代替自己吹气。风的性子是膨胀而流动的，所以这模型活起来，第一桩事就是伸个软软的懒腰，打个长长的呵欠，为天下伤春的少女定下了榜样。这第二个模型正是女人。她是上帝根据第一个模型而改良的制造品。男人只是上帝初次的尝试，女人才是上帝最后的成功。这可以解释为什么爱漂亮的男人都向女人学样，女人要更先进，就发展成为妖怪。

从此，上帝有了事做。为这对男女，上帝费尽心思，造各种家畜、家禽、果子、蔬菜，给他们享受、利用。每造一件东西，他总沾沾自喜地问男人和女人道："我又为你们发明了新东西，你们瞧我的本领大不大？"于是那一对齐声歌颂："慈悲救世的上帝！"日子长了，这一对看惯了他的奇迹，感谢得也有些厌了，反嫌他碍着两口子间的体己。同时上帝也诧异，何以他们俩的态度渐渐冷淡，不但颂赞的声音减少了高朗，而且俯伏时的膝盖和背脊也似乎不如以前弯得爽利。于是，上帝有个不快意的发现。自从造人以来，他发明的东西是不少了，但是有发现还算第一次。

这发现就是：每涉到男女关系的时候，"三"是个少不了而又要不得的数目。假使你是新来凑上的第三者，你当然自以为少不了，那两人中的一人也会觉得你少不了，还有余下的一人一定认为你要不得。你更以为他或她要不得，假使你是原来的而退作第三者，你依然觉得自己少不了，那两人却都以为你要不得，你也许对两人中的一人还以为她或他少不了，对余下的一人当然以为她或他要不得。据数学家说，一只三角形里不能有两只钝角。不过，在男女三角形的关系里，总有一只钝角。上帝发现这钝角并不是那粗坯的男人，却正是自己，不知趣地监护着他俩。他最初造女人，并非要为男人添个伴侣。他只因为冷清清地无聊，制造个玩意儿来解闷，第一个坯子做得不满意，所以又造一个。谁知道他俩要好起来，反把他撇在一边。他诧异何以这女人对巍巍在上的造物主老是敬而远之，倒和那泥土气的男人亲密。于是，上帝又有一个不快意的发现。这一次的发现不是数学上的，而是物理学上的。

这发现就是：宇宙间有地心吸力那一回事。由于地心吸力的关系，一切东西都趋向下面，包括牛顿所看见的苹果。所以下等人这样多，上等人那么稀罕，并且上等人也常有向下层压迫的趋势。青年人那么容易堕落；世道人心那么每况愈下——这全是一个道理。上帝在造女人的时候，又调露水，又仿波纹，无意中证实了"女人水性"那句古话，但没想到另一句古话："水性就下。"假使树上掉下的苹果恰砸痛了牛顿的头，或砸破了他的鼻子，那么牛顿虽因此而发现吸力的定律，准会觉得这吸力的例子未免咄咄逼人。同样，上帝虽参透了人情物理，心上老是不自在，还觉得女人的情感不可理解。他甚至恨自己的伟大是个障碍，不容许他们来接近。造了这一对男女，反把自己的寂寞增加了；衬着他们的亲密，自己愈觉被排斥的孤独。更可气的是，他们有不能满足的需要时，又会来求情讨好。譬如水果烂了，要树上结新的，家畜吃腻了，要山里添些野味，他俩就会缠住上帝，又亲又热，哄到上帝答应。一到如愿以偿，他们又好一会要把上帝撇在脑后。上帝愈想愈气。原来要他们爱自己，非先使他们爱新果子或野味不可，自己不就身份降低，只等于果子或野味么？他们这样存心，若还让他们有求必遂，那么自己真算得果子中的傻瓜，野味里的呆鸟了！因此上帝下个决心，不再允许他们的请求。但是，上帝是给他俩罩上"正直慈祥"的头衔的，不好意思借小事和他俩为难。只能静候机会，等他们提出无理要求时，给他们一个干脆的拒绝。妙在上帝是长生不死的，随你多么长的时期，都熬得住等待。

一天，女人独来向上帝请安。她坐在他脚边，仰面看着他脸，蓝液体的眼睛，像两汪地中海的水，娇声说："主宰啊！你心最好，能力最大，我真不知怎样来感谢你！"

上帝用全力抵抗住她眼睛的闪电战术，猜疑地问："你有什么要求？"

女人陪小心似的媚笑，这笑扩充到肩背腰腹，使她全身丰腴的曲线添了波折，说的话仿佛被笑从心底下泛上来的，每个字都载沉载浮在笑声里："你真是全知全晓的造物主哪！什么事都瞒不过你，我真怕你。其实我没有什么要求；你待我们太好了，一切都很完美。那——那也算不得什么要求。"

"'那'是什么呢？快说罢。"上帝不耐烦地说，心给希冀逗得直跳直进，想出气的机会来了。

女人把后备着的娇态全部动员，扭着身子说："伟大的天公啊！你真是无所不能。你毫不费力地一举手，已够使我们惊奇赞美。我并不要新鲜的东西，我只恳求你"——说时，她将脸贴住上帝漠无所感的腿，懒洋洋地向远远睡在山谷里的男人做个手势——"我只恳求你再造一个像他样子的人。不，不完全像他，比他坯子细腻些，相貌长得漂亮些。慈悲的主啊！你是最体贴下情的！"

上帝直跳起来，险把粘在脚边的女人踢开去，忙问："要我再造一个男人？为什么？"

女人一手摩心口，一手摩脸颊，说："吓死我了！神奇的上帝啊！你的力量真大！行动真迅速！你看，我的脸给你碰痛了——那没有关系。你不是问我缘故么？我的男人需要个朋友，他老和我在一起，怪闷的。你再造一个男人，免得他整日守着我，你说，对不对？"

"也免得你整夜守着他，是不是？"上帝的怒声，唤起了晴空隐隐的雷霆，"女人啊！你真大胆，竟向我提这样的要求！你对一切东西都贪多、浪费，甚至对于男人，在指定配给以外，还要奢侈品。那还了得！快回去，我饶赦你初次，你再抱非分的欲望，我会责罚你，使你现有的男人都保不住，我把他毁灭。"

最后一句话很有效力。女人飞红了脸，咕哚着嘴，起身去了，一路上嘀咕："我说着玩儿，你就拿腔作样。老实说，我早看破你没本领造一个比他好的男人！"这些话幸而上帝没听到。他出了心头恶气，乐的了不得；怕笑容给女人回头瞧见了，把脸躲在黑云堆里。他咧开嘴，白牙齿的磁光在黑云里露出来，女人恰回脸一望，她没见过牙膏商标上画的黑人，误认以为电光。上帝努力压住的"哈哈"笑声，在腔子里一阵阵的掀动，女人远远听着，以为就是打雷。她想上帝在施展恐怖手段，又气又怕，三脚两步，跑到男人那里。上帝才恐吓过她，要剥夺她这个唯一的男人，所以她对他又恢复了占有的热情。她坐在他头边，吻醒了他，拥抱住他，说话里每一个字上都印着吻痕、染着嘴唇的潮润："我只有你！我只爱你！没有你，我活不了。谁要把你拿走，我就拼了这条命！"男人醋睡初醒，莫名其妙，听到女人重申占领决心的宣言，局促不安，他刚做一个梦，心里有鬼。女人跑得累了，情感紧张得倦了，沉沉睡去。他偷偷起来，挑了两块吃剩的肥肉，去向上帝进贡。

"弘恩大量的主人翁啊！求你垂鉴我的虔诚，接受这微末的孝敬。我们一切原是你赐予的，这东西也就是你的，我们所能贡献在你脚下的，只是一片真心。"男人如是说。

上帝方才的高兴，此时更增加了。他想，人来献祭，这还是第一次，准是那女人差男人代她来表示悔罪的。让自己的喜悦在脸上流露，就未免给他们小看了。于是他默然不答，只向男人做出一种表情——法国和西班牙小说家用下面的记号来传达的表情：

"?"

男人见上帝脸色不难看，便鼓勇说："我向主人要求一桩小事——"

上帝恍然大悟，那两块肥肉相当于女人的巧笑媚眼，也是请求时的贿赂。要是当初这男人也造得娇美多姿，他就连这两块肉都节省了。

"——我求你为我另造一个女人——"

"女人刚才向我作同样的要求，"上帝截断他的话。

上帝此时又失望，又生气。但是那头脑热昏的男人听了上帝的话，又惊又喜。他想："女人真是鬼灵精儿！我做的梦，她怎会知道？怪不得她那一会抱了我说那些话，原来她甘心牺牲自己的利益，已经代向上帝要求，但又有些舍不得我给新造的女人抢去。唉！她这样心胸宽大，这样体贴入微，我怎忍得下心抛弃了她呢？"一面想，一面向上帝撒谎说："是呀，她也觉得生活单调，希望有个同性的人来伴她解闷。"

"你错了！她不是要求我造个同性的人，她是向我提出同性质的要求。她求我另造个男人，要比你这蠢物长得好，你知道么？"

男人的失望不亚于上帝，赶快问："主呀！你允许她没有？"

上帝感到发脾气的痛快，厉声说："我后悔没允许了她。你们俩真没配错，好一对！快去！你再不小心，瞧我把女人都毁灭了"——似乎这恐吓的力量还不够大，又加上说："并且不再给你肉吃！"男人在这两重威胁之下，发抖讨饶，碰了一鼻子灰回去。上帝叹口气，感慨何以造的人这样不成器呢？这两个人坏得这样平衡，这样对称，简直像两句骈文或一联律诗，上帝想到他们俩配搭得那样匀停合适，又佩服自己艺术的精妙了。

男人和女人向上帝都泄漏了个人的秘密，同样一无所得。男人怕上帝把他的请求告诉女人，女人不知道上帝已经把她的请求告诉了男人，所以双方不约而同地对上帝又怨恨，又防他嚷出彼此的私房话来。男人说："我们日用的东西也将就得过了，可以不必去找上帝。"女人说："他本领也使完了，再求他，他也变不出什么新花样来，倒去看他的脸，真讨厌。"男女同声说："我们都远着他，别理他，只当没有他。"于是神和人愈来愈疏远；上帝要他们和自己亲近的目的依然不能达到。上帝因此想出一个旁敲侧击的妙法。他们生活太容易，要让他们遭遇些困难和痛苦，那时候他们"穷则呼天"，会知道自己是不好得罪的。

那一晚上，男人和女人在睡梦中惊醒，听见远处一种洪大的吼声。向来只有人吃荤腥，此外畜生像牛、羊、猪等都长斋持素，受了上帝感化，抱着"宁人吃我，我只吃草"的伟大精神。现在人以外，添了吃荤的动物，不但要夺人的肉食，并且人肉也合它们的口味，全不知道人肉好比猫肉、狗肉以及其他吃大荤的畜生的肉，是不中吃的——唐僧的肉所以惹得山精水怪馋涎欲滴，无非因为他是十世不破荤的和尚。男女俩所听见的声音，正是饿狮子觅食不耐烦的叫。他们本能地战栗，觉得这吼声里含有敌性。四周蜷伏着的家畜，霍然耸立，竖起耳朵，屏住气息，好像在注意什么。这愈增加两人的不安。狮子叫几声后住了，它吼声所裂开的夜又合拢来。好一会，家畜等仿佛明白危险暂时已过，都透口气，态度松懈下去。男人伸手抚摸身边俯卧的羊，发现羊毛又湿又热，像刚出过汗的。女人打个寒噤，低声说："准是上帝和我们捣乱，我想还是找个山洞去睡。我害怕在露天过夜。"两人起来，把牲口赶进山谷，然后躲入就近的洞里躺下。身和心渐渐溶解，散开去，沉下去，正要消失在睡眠里，忽然警惕，两人顿时清醒过来。一阵恐怖的寒冷从心上散布到四肢，冻结住他俩的身体和喉舌。这恐怖的原因像在黑暗里窥伺着、估量着他们。两人不敢动，不敢透气，一阵阵冷汗直淋。时间也像给恐怖凝固了，停止不流。忽然，恐怖不知到哪里去了，空气也仿佛释却负担，天明的曙光已向洞口试探。同时，山洞左右，一头猪狂叫，只叫了半声，以下响息全无，声音收束得给快刀划断似的干脆。猪的叫声彻底解除了洞里的紧张。男人伸胳臂给女人枕着，让她睡在自己怀里；他们俩相处以来，从未没有情欲地这样需要彼此。到天大亮，两人分头出去。男人点家畜，少了一头猪，其余的牛羊等也像经过大打击的，无精打采。正在猜测着缘故，去打水的女人气急败坏地跑回哭诉。她过树林时，看见一条大蟒蛇蟠着——吞了猪后，正作助消化的饭后睡觉。水边沙滩上，横着一条鳄鱼，昂头向天张着大口；她幸而跑回得快，没给它瞧见。看来四处都有危险潜伏，两人不能再无忧无虑地生活了。"一夜之间怎会添出这许多怕人的东西呢？两人讨论道，"无疑是我们尊称他为上帝的家伙造了来害我们的。他不是上帝，他只是魔鬼、万恶的魔鬼。我们没有眼睛，给他哄到如今。好了！好了！也有看破他真相这一天！"这几句话无形中解决了自古以来最难解答的问题："这世界既是全能至善的上帝造的，何以又有恶魔那般猖獗？"原来上帝只是发善心时的魔鬼，肯把旁的东西给我们吃，而魔鬼也就是使坏心时的上帝，要把我们去喂旁的东西。他们不是两个对峙的东西，是一个东西的两个方面、两种名称，好比疯子一名天才，强盗就是好汉，情人又叫冤家。

男女间的窃窃私语，上帝竟没听见。他还以为自己独一无二，不知道上帝唯一的"一"，早给男女俩看成中国古代医生开方子在药味下注的"一"——"二分半"。他虽然全知全能，毕竟是个上等人物，不屑管被窝里的事、听门背后的话。他此时搓着双手，只等有好戏看。果然，两人垂头丧气，想不出个办法，但也不来求教上帝。一会儿，蟒蛇肚子消化了猪，狮子和老虎开始在邻近叫吼，男人拉女人慌忙跑到洞里，把石头垛在进口。只苦了剩下的家畜四面乱窜，向山罅里躲。上帝想："妙啊！看野兽把你们家畜吃完了，你们自然会来哀求我。那时候，哼……"谁知道，天下事固不能尽如人意，人间事也未必尽如无意。这种消耗策略并没有使人屈服。因为野兽只是野兽，欠缺文明的修养。譬如那蟒蛇没受过教育，不知道颠扑不破的那句古话，"羊肉没吃着，惹得一身膻"，所以它吃过猪后，想换换口味，囫囵吞了一头大羊。羊有两支尖角，刺破它的咽喉，羊肉算是到口，却赔了性命。狮子和老虎也是小家相得很，不知道吃饭的礼貌，吃牛肉吃得抢起来，打做一团，结果老虎死了，狮子负伤到溪边去喝水。这溪里的鳄鱼是个文盲，没念过韩昌黎有名的《祭鳄文》，所以不去吃鱼虾，反要尝狮子肉。那狮子不吃人家的肉也罢了，哪肯割舍自己的肉，又跟鳄性命相搏，打得胜负难分，你死我也不活。男人和女人让洞外惨厉的叫声，吓得半死。他们听得外面静了，从洞口石缝里张出去，早有家畜三三两两在吃草。两人放心出洞，知道毒虫恶兽都死完了，家畜并没损失多少。他们兴高采烈，把打死的老虎等开剥，从此他们洞里有皮毯子，女人有了皮大氅，男人有几天新鲜野味吃。女人还没给美国名厂纺织的沙鱼皮（sharkskin）耀花眼睛，所以剥下的鳄皮已经够使她喜欢了。只恨那大蛇不是从中国古书爬出来的，骨节里没有明珠。幸而那猛兽也不是从中国古书出来的，否则女人吃了狮子心和大虫胆，在娇媚之外又添上凶悍，男人的日子就不好过了！

　　不过，他们也没多少日子好过了。上帝看见他们因祸转福，又气又恨。他了解要使他们受罪，必须造些无皮可剥、无肉可吃的东西。于是皮毯子、皮大氅以及家畜身上的毛里忽然有了虱。晚上满空都是毒蚊子。两人吃东西时，苍蝇像大点下投的黑雨。还有无孔不入，没法防御的微生虫。不出上帝所料，两人一同病倒，不多时，都吐口气死了，实现了一切情人"同年同月同日死"的盟誓。苍蝇依然忙忙碌碌地工作，更一会儿，两人尸骸上有了又肥又白的蛆。吃牛、羊、猪甚至老虎和狮子肉的人，给那些小东西吃得剩个骨骼架子。上帝造了虫豸，注视着它们工作的精密和效率的迅速，十分快意，看出了神，忘掉原不要这一对男女死掉，只要他们吃了苦头向自己屈服，还要留着他们的。到蛆虫吃完皮肉，要钻吸骨髓时，他才省悟，已来不及了。不知是微生虫做事太神速呢，还是男女俩见事太晚，上帝没有得到他们服输悔罪的表示。他造了东西来实现自己的计划，像人，像猛兽，像微生虫，结果何以老是事与愿违呢？上帝恨——

睁开眼来，只看见下午的太阳无力地懒在山头。适才的事原来是梦。自己主宰一切，要做就做，而梦境偏有治外法权，不受他管制，这也够可气了！但是，这梦安知不是预兆？造一个人和自己作伴的事，大可斟酌。自己是永生的，无穷无尽的年月，孤独一个怎样度呢？上帝伸着懒腰，对这死气沉沉的落日奄奄一息的世界，长长地打个厌倦的呵欠，张大了嘴，好像要一口吞却那无穷无尽、难消遣的光阴。

20. 下棋

——梁实秋

有一种人我最不喜欢和他下棋，那便是太有涵养的人。杀死他一大块，或是抽了他一个车，他神色自若，不动火，不生气，好像是无关痛痒，使得你觉得索然寡味。君子无所争，下棋却是要争的。当你给对方一个严重威胁的时候，对方的头上青筋暴露，黄豆般的汗珠一颗颗的在额上陈列出来，或哭丧着脸作惨笑，或咕嘟着嘴作吃屎状，或抓耳挠腮，或大叫一声，或长吁短叹，或自怨自艾口中念念有词，或一串串地噎膈打个不休，或红头涨脸如关公，种种现象，不一而足，这时节你"行有余力"便可以点起一枝烟，或啜一碗茶，静静的欣赏对方的苦闷的象征。我想猎人追逐一只野兔的时候，其愉快大概略相仿佛。因此我悟出一点道理，和人下棋的时候，如果有机会使对方受

114

窘，当然无所不用其极，如果被对方所窘，便努力作出不介意状，因为既然不能积极的给对方以苦痛，只好消极的减少对方的乐趣。

自古博奕并称，全是属于赌的一类，而且只是比"饱食终日无所用心"略胜一筹而已。不过弈虽小术，亦可以观人，相传有慢性人，见对方走当头炮，便左思右想，不知是跳左边的马好，还是跳右边的马好，想了半个钟头而迟迟不决，急得对方拱手认输。是有这样的慢性人，每一着都要考虑，而且是加慢的考虑，我常想这种人如加入龟兔竞赛，也必定可以获胜。也有性急的人，下棋如赛跑，劈劈拍拍，草草了事，这仍就是饱食终日无所用心的一贯作风。下棋不能无争，争的范围有大有小，有斤斤计较而因小失大者，有不拘小节而眼观全局者，有短兵相接作生死斗者，有各自为战而旗鼓相当者，有赶尽杀绝一步不让者，有好勇斗狠同归于尽者，有一面下棋一面诮骂者，但最不幸的是争的范围超出了棋盘，而拳足交加。有下象棋者，久而无声响，排闼视之，阒不见人，原来他们是在门后角里扭做一团，一个人骑在另一个人的身上，在他的口里挖车呢。被挖者不敢出声，出声则口张，口张则车被挖回，挖回则必悔棋，悔棋则不得胜，这种认真的态度憨得可爱。我曾见过两人手谈，起先是坐着，神情潇洒，望之如神仙中人，俄而棋势吃紧，两人都站起来了，剑拔弩张，如斗鹌鹑，最后到了生死关头，两个人跳到桌上去了！

笠翁《闲情偶寄》说奕棋不如观棋，因观者无得失心，观棋是有趣的事，如看斗牛、斗鸡、斗蟋蟀一般，但是观棋也有难过处，观棋不语是一种痛苦。喉间硬是痒得出奇，思一吐为快。看见一个人要人陷阱而不作声是几乎不可能的事，如果说得中肯，其中一个人要厌恨你，暗暗的骂一声"多嘴驴！"另一个人也不感激你，心想"难道我还不晓得这样走！"如果说得不中肯，两个人要一齐嗤之以鼻，"无见识奴！"如果根本不说，憋在心里，受病。所以有人于挨了一个耳光之后还要抚着热辣辣的嘴巴大呼"要抽车，要抽车！"

下棋只是为了消遣，其所以能使这样多人嗜此不疲者，是因为它颇合于人类好斗的本能，这是一种"斗智不斗力"的游戏。所以瓜棚豆架之下，与世无争的村夫野老不免一枰相对，消此永昼；闹市茶寮之中，常有有闲阶级的人士下棋消遣，"不为无益之事，何以遣此有涯之生？"宦海里翻过身最后退隐东山的大人先生们，髀肉复生，而英雄无用武之地，也只好闲来对弈，了此残生，下棋全是"剩余精力"的发泄。人总是要斗的，总是要钩心斗角的和人争逐的。与其和人争权夺利，还不如在棋盘上多占几个官，与其招摇撞骗，还不如在棋盘上抽上一车。宋人笔记曾载有一段故事："李讷仆射，性子急，酷好弈棋，每下子安详，极于宽缓，往往躁怒作，家人辈则密以弈具陈于前，讷睹，便忻然改容，以取其子布弄，都忘其恚矣。"（《南部新书》）下棋，有没有这样陶冶性情之功，我不敢说，不过有人下起棋来确实是把性命都可置之度外。我有两个朋友下棋，警报作，不动声色，俄而弹落，棋子被震得在盘上跳荡，屋瓦乱飞，其中一位棋瘾较小者变色而起，被对方一把拉住，"你走！那就算是你输了"。此公深得棋中之趣。

21. 画的梦

——孙　犁

在绘画一事上，我想，没有比我更笨拙的了。和纸墨打了一辈子交道，也常常在纸上涂抹，直到晚年，所画的小兔、老鼠等等小动物，还是不成样子，更不用说人体了。这是我屡屡思考，不能得到解答的一个谜。

我从小就喜欢画。在农村，多么贫苦的人家，在屋里也总有一点点美术。人天生就是喜欢美的。你走遍多少人家，便可以欣赏到多少形式不同的、零零碎碎、甚至残缺不全的画。那或者是窗户上的一片红纸花，或者是墙壁上的几张连续的故事画，或者是贴在柜上的香烟盒纸片，或者是人已经老了，在青年结婚时，亲朋们所送的麒麟送子"中堂"。

这里没有画廊，没有陈列馆，没有画展。要得到这种大规模的，能饱眼福的欣赏机会，就只有年集。年集就是新年之前的集市。赶年集和赶庙会，是童年时代最令人兴奋的事。在年集上，买完了鞭炮，就可以去看画了。那些小贩，把他们的画张挂在人家的闲院里，或是停放大车的门洞里。看画的人多，买画的人少，他并不见怪，小孩们他也不撵，很有点开展览会的风度。他同时卖神像，例如"天地"、"老爷"、"灶马"之类。神画销路最大，因为这是每家每户都要悬挂供奉的。

我在童年时，所见的画，还都是木板水印，有单张的，有联四的。稍大时，则有了石印画，多是戏剧，把梅兰芳印上去，还有娃娃京戏，精彩多了。等我离开家乡，到了城市，见到的多是所谓月份牌画，印刷技术就更先进了，都是时装大美人儿。

在年集上，一位年岁大的同学，曾经告诉我：你如果去捅一下卖画人的屁股，他就会给你拿出一种叫做"手卷"的秘画，也叫"山西灶马"，好看极了。

我听来，他这些说法，有些不经，也就没有去尝试。

我没有机会欣赏更多的、更高级的美术作品，我所接触的，只能说是民间的、低级的。但是，千家万户的年画，给了我很多知识，使我知道了很多故事，特别是戏曲方面的故事。

后来，我学习文学，从书上，从杂志上，看到一些美术作品。就在我生活最不安定，最困难的时候，我的书箱里，我的案头，我的住室墙壁上，也总有一些画片。它们大多是我从杂志上裁下的。

对于我钦佩的人物，比如托尔斯泰、契柯夫、高尔基，比如鲁迅，比如丁玲同志，比如阮玲玉，我都保存了他们很多照片或是画像。

进城以后，本来有机会去欣赏一些名画，甚至可以收集一些名人的画了。但是，因为我外行，有些吝啬，又怕和那些古董商人打交道，所以没有做到。有时花很少的钱，在早市买一两张并非名人的画，回家挂两天，厌烦了，就卖给收破烂的，于是这些画就又回到了早市去。

一九六一年，黄胄同志送给我一张画，我托人拿去裱好了，挂在房间里，上面是一个维吾尔少女牵着一匹毛驴，下面还有一头大些的驴，和一头驴驹。一九六二年，我又转请吴作人同志给我画了三头骆驼，一头是近景，两头是远景，题日《大漠》。也托人裱好，珍藏起来。

一九六六年，运动一开始，黄胄同志就受到"批判"。因为他的作品，家喻户晓，他的"罪名"，也就妇孺皆知。家里人把画摘下来了。一天，我出去参加学习，机关的造反人员来抄家，一见黄胄的毛驴不在墙上了，就大怒，到处搜索。搜到一张画，展开不到半截，就摔在地上了，喊："黑画有了！"其实，那不是毛驴，而是骆驼，真是驴唇不对马嘴。就这样把吴作人同志画的三头骆驼牵走了，三匹小毛驴仍留在家中。

运动渐渐平息了，我想念过去的一些友人。我写信给好多年不通音讯的彦涵同志，问候他的起居，并请他寄给我一张画。老朋友富于感情，他很快就寄给我那幅有名的木刻《老羊倌》，并题字用章。

我求人为这幅木刻做了一个镜框，悬挂在我的住房的正墙当中。

不久，"四人帮"在北京举办了别有用心的"黑画展览"，这是他们继小靳庄之后发动的全国性展览。

机关的一些领导人，要去参观，也通知我去看看，说有车，当天可以回来。

我有十二年没有到北京去了，很长时间也看不到美术作品，就答应了。

在路上停车休息时，同去的我的组长，轻声对我说："听说彦涵的画展出的不少哩！"我没有答话。他这是知道我房间里挂有彦涵的木刻，对我提出的善意警告。

到了北京美术馆门前，真是和当年的小靳庄一样，车水马龙，人山人海。"四人帮"别无能为，但善于巧立名目，用"示众"的方式蛊惑人心。人们像一窝蜂一样往里面拥挤。这种场合，这种气氛，我都不能适应。我进去了五分钟，只是看了看彦涵同志那些作品，就声称头痛，钻到车里去休息了。

夜晚，我们从北京赶回来，车外一片黑暗。我默默地想：彦涵同志以其天赋之才，在政治上受压抑多年，这次是应国家需要，出来画些画。他这样努力、认真、精心地工作，是为了对人民有所贡献，有所表现。"四人帮"如此对待艺术家的良心，就是直接侮辱了人民之心。回到家里，我面对着那幅木刻，更觉得它可珍贵了。上面刻的是陕北一带的牧羊老人，他手里抱着一只羊羔，身边站立着一只老山羊。牧羊人的呼吸，与塞外高原的风云相通。

这幅木刻，一直悬挂着，并没有摘下。这也是接受了多年的经验教训：过去，我们太怯弱了，太驯服了，这样就助长了那些政治骗子的野心，他们以为人民都是阿斗，可以玩弄于他们的股掌之上。几乎把艺术整个毁灭，也几乎把我们全部葬送。

我是好做梦的，好梦很少，经常是噩梦。有一天夜晚，我梦见我把自己画的一幅画，交给中学时代的美术老师，老师称赞了我，并说要留作成绩，准备展览。

那是一幅很简单的水墨画：秋风败柳，寒蝉附枝。

我很高兴，叹道：我的美术，一直不及格，现在，我也有希望当个画家了。随后又有些害怕，就醒来了。

其实，按照弗罗依德学说，这不过是一连串零碎意识、印象的偶然的组合，就像万花筒里出现的景象一样。

1979 年 5 月

22．时装

——张爱玲

民国初建立，有一时期似乎各方面都有浮面的清明气象。大家都认真相信卢梭的理想化的人权主义。学生们热诚拥护投票制度，非孝，自由恋爱。甚至于纯粹的精神恋爱也有人实验过，但似乎不曾成功。

时装上也显出空前的天真，轻快，愉悦。"喇叭管袖子"飘飘欲仙，露出一大截玉腕。短袄腰部极为紧小。上层阶级的女人出门系裙，在家里只穿一条齐膝的短裤，丝袜也只到膝为止，裤与袜的交界处偶然也大胆地暴露了膝盖。存心不良的女人往往从袄底垂下挑拨性的长而宽的淡色丝质裤带，带端飘着排穗。

民国初年的时装，大部分的灵感是得自西方的。衣领减低了不算，甚至被蠲免了的时候也有。领口挖成圆形，方形，鸡心形，金刚钻形。白色丝质围巾四季都能用。白丝袜脚跟上的黑绣花，像虫的行列，蠕蠕爬到腿肚子上。交际花与妓女常常有戴平光眼镜以为美的。舶来品不分皂白地被接受，可见一斑。

军阀来来去去，马蹄后飞沙走石，跟着他们自己的官员，政府，法律，跌跌绊绊赶上去的时装，也同样地千变万化。短袄的下摆忽而圆，忽而尖，忽而六角形。女人的衣服往常是和珠宝一般，没有年纪的，随时可以变卖，然而在民国的当铺里不复受欢迎了，因为过了时就一文不值。

时装的日新月异并不一定表现活泼的精神与新颖的思想。恰巧相反。它可以代表呆滞；由于其他活动范围内的失败，所有的创造力都流入衣服的区域里去。在政治混乱期间，人们没有能力改良他们的生活情形。他们只能够创造他们贴身的环境——那就是衣服。我们各人住在各人的衣服里。

23. 人才易得

——瞿秋白

前几年，大观园里的压轴戏是刘姥姥骂山门。那是要老旦出场的，老气横秋的大"放"一通，直到裤子后穿而后止。当时指着手无寸铁或者已经缴械的小百姓，大喊"杀，杀，杀！"那呼声是多么雄壮呵。所以它——男角扮的老婆婆，也可以算是个人才。

现在时世大不同了，手里杀杀杀，而嘴里却需要"自由，自由，自由"，"开放政权"云云，压轴戏要换了。

于是人才辈出，各有巧妙不同。出场的不是老旦，而是花旦了；而且这不是平常的花旦，而是海派戏广告上所说的"玩笑旦"。这是一种特殊的人物，他（她）要会媚笑，又要会撒泼，要会打情骂俏，又要会油腔滑调。总之，这是花旦而兼小丑的角色。不知道是时势造

121

英雄（还是说"美人"妥当些），还是美人儿多年阅历的结果，练出了这一套拿手好戏？

美人儿而说"多年"，自然是阅人多矣的徐娘了，她早已从窑姐儿升任了老鸨婆；然而她丰韵犹存，虽在卖人，还兼自卖。自卖容易，卖人就难些。现在不但有手无寸铁的小百姓，不但！况且又遇见了太露骨的强奸……要会应付这种非常之变，就非有非常之才不可。你想想，现在压轴戏是要似战似和，又战又和，不降不守，亦降不守——这是多么难做的戏。没有半推半就，假作娇痴的手段是做不好的。孟夫子说："以天下与人易。其实，能够简单地双手捧着"天下"去"与人"，倒不为难了。问题就在于不能如此。所以就要一把眼泪一把鼻涕，哭哭啼啼而又刁声浪气的诉苦说："我不入火坑，谁入火坑？"

然而娼妓说她落在火坑里，还是想人家去救她出来；老鸨婆哭火坑，就没有人相信她，何况她已经申明：她是敞开了怀抱，准备把一切人都拖进火坑去的。虽然，这玩笑却开得不差，不是非常之才，就使挖空了心思也想不出的。

老旦进场，玩笑旦出场，大观园的人才着实不少！

呜呼，以天下与人虽然大不易，而为天下得人，却似乎不难。

1933．4．24

24. 致傅聪

——傅　雷

亲爱的孩子，八月二十日报告的喜讯使我们心中说不出的欢喜和兴奋。你在人生的旅途中踏上一个新的阶段，开始负起新的责任来，我们要祝贺你，祝福你，鼓励你。希望你拿出像对待音乐艺术一样的毅力、信心、虔诚，来学习人生艺术中最高深的一课。但愿你将来在这一门艺术中得到像你在音乐艺术中一样的成功！发生什么疑难或苦闷，随时向一二个正直而有经验的中、老年人讨教，（你在伦敦已有一年八个月，也该有这样的老成的朋友吧?）深思熟虑，然后决定，切勿单凭一时冲动：只要你能做到这几点，我们也就放心了。

对终身伴侣的要求，正如对人生一切的要求一样不能太苛。事情总有正反两面：追得你太迫切了，你觉得负担重；追得不紧了，又觉得不够热烈。温柔的人有时会显得懦弱，刚强了又近乎专制。幻想多了未免不切实际，能干的管家太太又觉得俗气。只有长处没有短处的人在哪儿呢? 世界上究竟有没有十全十美的人或事物呢? 抚躬自问，自己又完美到什么程度呢? 这一类的问题想必你考虑过不止一次。我觉得最主要的还是本质的善良，天性的温厚，开阔的胸襟。有了这三样，其他都可以逐渐培养；而且有了这三样，将来即使遇到大大小小的风波也不致变成悲剧。做艺术家的妻子比做任何人的妻子都难；你要不预先明白这一点，即使你知道"责人太严，责己太宽"，也不容易学会明哲、体贴、容忍。只要能代你解决生活琐事，同时对你的事业感到兴趣就行，对学问的钻研等等暂时不必期望过奢，还得看你们婚后的生活如何。眼前双方先学习相互的尊重、谅解、宽容。

对方把你作为她整个的世界固然很危险，但也很宝贵！你既已发觉，一定会慢慢点醒她；最好旁敲侧击而勿正面提出，还要使她感到那是为了维护她的人格独立，扩大她的世界观。倘若你已经想到奥里维的故事，不妨就把那部书叫她细读一二遍，特别要她注意那一段插曲。像雅葛丽纳那样只知道 love, love, love! 的人只是童话中人物，在现实世界中非但得不到 love，连日子都会过不下去，因为她除了

love 一无所知，一无所有，一无所爱。这样狭窄的天地哪像一个天地！这样片面的人生观哪会得到幸福！无论男女，只有把兴趣集中在事业上，学问上，艺术上，尽量抛开渺小的自我（ego），才有快活的可能，才觉得活的有意义。未经世事的少女往往会存一个荒诞的梦想，以为恋爱时期的感情的高潮也能在婚后维持下去。这是违反自然规律的妄想。古语说："君子之交淡如水"；又有一句话说，"夫妇相敬如宾"。可见只有平静、含蓄、温和的感情方能持久；另外一句的意义是说，夫妇到后来完全是一种知己朋友的关系，也即是我们所谓的终身伴侣——未婚之前双方能深切领会到这一点，就为将来打定了最可靠的基础，免除了多少不必要的误会与痛苦。

你是以艺术为生命的人，也是把真理、正义、人格等等看做高于一切的人，也是以工作为乐生的人；我用不着唠叨，想你早已把这些信念表白过，而且竭力灌输给对方的了。我只想提醒你几点：——第一，世界上最有力的论证莫如实际行动，最有效的教育莫如以身作则；自己做不到的事千万勿要求别人；自己也要犯的毛病先批评自己，先改自己的。——第二，永远不要忘了我教育你的时候犯的许多过严的毛病。我过去的错误要是能使你避免同样的错误，我的罪过也可以减轻几分；你受过的痛苦不再施之于他人，你也不算白白吃苦。总的来说，尽管指点别人，可不要给人"好为人师"的感觉。奥诺丽纳（你还记得巴尔扎克那个中篇吗?）的不幸一大半是咎由自取，一小部分也因为丈夫教育她的态度伤了她的自尊心。凡是童年不快乐的人都特别脆弱（也有训练得格外坚强的，但只是少数），特别敏感，你回想一下自己，就会知道对付你的爱人要如何 delicate（体贴，温柔——编者注），如何 discreet（谨慎——编者注）了。

我相信你对爱情问题看得比以前更郑重更严肃了；就在这考验时期，希望你更加用严肃的态度对待一切，尤其要对婚后的责任先培养一种忠诚、庄严、虔敬的心情！

25. "不如归去"谈

——卞之琳

槐花满地，时节又近初夏了。刚才读《大公报》文艺栏芦焚先生的《里门拾记》，见有一条注，解释文中的"光棍抗锄"曰：

即文人们叫做"不如归去"的那种鸟。虽只是鸟的叫声，一种人听了奋起耕作，一种人听了怀春思乡，连耳朵也竟有这样大的差异。觉得很有意思。"光棍抗锄"当然就是"割麦插禾"。书本里说布谷与杜鹃有别，不过也说很相似，则我们的话《辞源》里或者早已把"割麦插禾"、"不如归去"两种鸟相混了，即使有考据癖的文人骤然间也不会分得清楚吧，所以我的意思与芦焚先生开头那点意思不谋而合。我想起了已经忘了的两个心愿。记得我曾经想写一篇历史小说，其中的核心，一个场面，是如此：

农人在田间，旅人在道旁。

头上一阵鸟声，如人言。

"割麦插禾"，农人想。

"不如归去"，旅人想。

我想写这篇小说是在去年此时，在日本，读了李广田先生的《桃园杂记》以后，李文中提起布谷，说在他的家乡以为是叫的"光光多锄"，令我想起了我的家乡人仿佛说是"花好稻好"，花，读 ho，大约不是指普通的花（虽然普通的花也读如 ho），而是指棉花。稻无问题，即水稻，江乡自然有水田。这两种说法，与芦焚先生的"光棍抗锄"

俱未见于典籍。典籍中有的除"布谷"、"割麦插禾"以外，还有许多，如"麦饭熟"、"脱却布裤"、"郭公"等。而在我们的活书本里更不知有多少花样了。哪一天把各地的花样搜集起来，该有如何一个大观！不过千差万别，都由于耳朵不同吗？我的意思与芦焚先生的意思在此地分道了——可是且慢，芦焚先生的话，实际上，也等于说差别在环境，生活的环境吧。

农人在田间。旅人在道旁。

头上一阵鸟声，如人言。

"割麦插禾"，农人想。

"不如归去"，旅人想。

这里有两个人，虽然在一处，究竟环境不同。不但如此，在我看来，即便"割麦插禾"与"不如归去"两种观念，也未尝不可以联在一起：

春去也。见麦浪滚滚，旅人想起了多风波的江湖。你看，那边一个农人在檐前看镰刀哪。数千里外自家屋后的蓬蒿有多高了？家乡收麦早，或许庄稼人已经赤脚下水田了。唉唉，天南地北，干什么来着？叶落归根，不如归去吧。

"不如归去"一语，不见得太"文"，尤其在古昔，更不见得不就是俗子的口头语。即使是雅士说的我也有话可说：

当此时也，道上的过客或者是一个坐在轿子里的官老爷，不禁想起人生一梦耳，四处奔波，所为何来？为五斗米折腰实在犯不着，即使位居一品，在京华尘土里五更待漏，亦何苦也！君不见那个庄稼汉倒快乐自在，坐在茅屋的门槛上，捧一碗黄粱。你闻闻看，多香！真不如回去种田好，"守拙归园田"。

然而，"割麦插禾"多少带点振作的情调，而"不如归去"却不免消极呢。不错，这还是环境差异，不过哀乐是相依为命的。我曾经说过，这可以作为补充，而且"杜宇"是只合永远啼血了，要知道：

谁说杜宇归去乐

归来处处地城廓

固无论矣，就连你"郭公"，哪怕你"郭公"，

郭公，郭公！

天雨蒙蒙，

促农耕陇。

城南战骨多，

野田变作丘与垄。

郭公，郭公！

何地播种？

弄到这个地步，哪怕你"郭公"，就连你"郭公"也无可奈何吧？"感时花溅泪"，即不"恨别"，鸟亦"惊心"。这又归于一。

不过，时至今日，害肺病的子规到底是绝种了也说不定，因为"不如归去"现在仿佛只活在书本里，而"割麦插禾"的子孙戚族还活在各地农人的口头。各地农人的口头开出了各式各样的一朵朵小花。哪一天把它们搜集起来当标本，作一个系统的研究那才有意思呵。这一朵朵单纯的小花将是一个个小窗子开向各种境地：水田，桃园——我想从你的里门望望看，芦焚先生，你那边是什么呢？

可不是，我心中曾经拟过一篇社会论文的题目：

布谷声里听出的各地社会背景。

可是为什么不能从旁的鸟声里听出来呢？为什么从旁的鸟声我们听不出这许多花样？这种鸟声本身到底自有其特殊性，引起人心上的反应乃小异大同了。人总是人。

想起人，我真想起各别的人来了。芦焚先生与我在三座门，在沙滩，有过好几面之缘，此刻想必在河南乡下吧？李广田先生，齐

人也，是我的熟人，现在正陪我在此地吃他本乡的"省"饭，住在东邻，和我天天见面。过几天想可以听到布谷声了，我想那多妙，如果芦焚先生在这里，譬如说在黄台乡间，我们三人同行，忽听得一声"布谷"

"光棍抗锄"，芦焚先生想。

"光光多锄"，李广田先生想。

"花好稻好"，我想。

唉，江里的鱼汛该过了好几种了；竹笋该已经老了，高过人头了；青蚕豆该已经上市了吧？这里倒已经上市了。我不喜欢北方这种讲究办法，把青蚕豆去皮，疏疏几瓣的炒肉片，就不能不去皮而稍加些腌菜，细葱花，素炒一下，青青紫紫的来一碗吗？也许是性格定命吧，也许毕竟是文人吧，明知道到了那边自然会愁更愁，我又想起了"不如归去"。

杆石桥，一九三六年五月十二日

26. 文病

——老 舍

有些人本来很会说话，而且认识不少的字，可是一拿起笔来写点什么就感到困难，好大半天写不出一个字。这是怎么一回事呢？这里面大概有许多原因，而且人各不同，不能一概而论。现在，我只提一个较比普遍的原因。这个原因是与文风有关系的。

近年来，似乎有那么一股文风：不痛痛快快地有什么说什么，该怎说就怎说，而力求语法别扭，语言生硬，说了许许多多，可是使人莫名其妙。久而久之，成了一种风气，以为只有这些似通不通，难念难懂的东西才是文章正宗。这可就害了不少人。有不少人受了传染，一拿起笔来就把现成的语言与通用的语法全放在一边，而苦心焦思地去找不现成的怪字，"创造"非驴非马的语法，以便写出废话大全。这样，写文章就非常困难了。本来嘛，有现成的字不用，而钻天觅缝去找不现成的，有通用的语法不用，而费尽心机去"创造"，怎能不困难呢？于是，大家一拿笔就害起怕来，哎呀，怎么办呢？怎么能够写得高深莫测，使人不懂呢？有的人因为害怕就不敢拿笔，有的人硬着头皮死干，可是写完了连自己也看不懂了。大家相对叹气，齐说文章不好写呀。这种文风就这么束缚住了写作能力。

我说的是实话，并不太夸张。我看见过一些文稿，在这些文稿中，躲开现成的字与通用的语法，而去硬造怪字怪句，是相当普遍的现象。可见这种文风已经成为文病。此病不除，写作能力即不易得到解放。所以，改变文风是今天的一件要事。

写文章和日常说话确是有个距离，因为文章须比日常说话更明确、简练、生动。所以写文章必须动脑筋。可是，这样动脑筋是为给日常语言加工，而不是要和日常语言脱节。跟日常语言脱了节。文章就慢慢变成天书，不好懂了。比如说：大家都说"消灭"，而我偏说"消没"，便是脱离群众，自讨无趣，一个写作者的本领是在于把现成的"消灭"用得恰当，正确，而不在于硬造一个"消没"。硬造词，别人不懂。我们说"消灭四害"就恰当。我们若说："晓雾消灭了"就不恰当，因为我们通常都说"雾散了"不说"消灭了"——事实上，我们今天还没有消灭雾的办法。今天的雾散了，明天保不住还下雾。

对语法也是如此：我们虽用的是通用的语法，可是因动过脑筋，所以说得非常生动有力，这就是本领。假若不这么看问题，而想别开生面，硬造奇句，是会出毛病的。请看这一句吧："一瓢水泼出你山沟"。这说的是什么呢？我问过好几个朋友，大家都不懂。这一句的确出奇，突破了语法的成规。可是谁也不懂，怎么办呢？要是看不懂的就是好文章，那么要文章干吗呢？我们应当鄙视看不懂的文章，因为它不能为人民服务。"把一瓢水泼在山沟里"，或是"你把山沟里的水泼出一瓢来"，都像话，大家都能说得出，认识些字的也都能写得出。就这么写吧，这是我们的话，很清楚，人人懂，有什么不好呢？实话实说是个好办法。虽然头一两次也许说的不太好，可是一次生，两次熟，只要知道写文章原来不必绕出十万八千里去找怪物，就会有了胆子。然后，继续努力练习，由说明白话进一步说生动而深刻的话，就摸到门儿了。即使始终不能写精彩了，可是明白话就有用处，就不丢人。反之，我们若是每逢一拿笔，就装腔作势，高叫一声：现成的话，都闪开，我要出奇制胜，作文章啦，恐怕就会写出"一瓢水泼出你山沟"了！这一句实在不易写出，因为糊涂得出奇。别人一看，也就惊心：可了不得，得用多少工夫，才会写出这么"奇妙"的句子啊！大家都胆小起来，不敢轻易动笔，怕写出来的不这么"高深"啊。这都不对！我们说话，是为叫别人明白我们的意思。我们写文章，是为叫别人更好地明白我们的意思。话必须说明白，文章必须写得更明白。这么认清问题，我们就不害怕了，就敢拿笔了；有什么说什么，有多少说多少，不装腔作势，不乌烟瘴气。这么一来，我们就不会再把作文章看成神秘的事，而一种健康爽朗的新文风也就会慢慢地建树起来。

27. 寻常茶话

——汪曾祺

我对茶实在是个外行。茶是喝的，而且喝得很勤，一天换三次叶子。每天起来第一件事，便是坐水，沏茶。但是毫不讲究。对茶叶不挑剔。青茶、绿茶、红茶、沱茶、乌龙茶，但有便喝。茶叶多是别人送的，喝完了一筒，再开一筒。喝完了碧螺春，第二天就可以喝蟹爪水仙。但是不论什么茶，总得是好一点的，太次的茶叶，便只好留着煮茶叶蛋。《北京人》里的江泰认为喝茶只是"止渴生津利小便"，我以为还有一种功能，是：提神。《陶庵梦忆》记闵老子茶，说得神乎其神。我则有点像董日铸，以为"浓、热、满三字尽茶理"。我不喜欢喝太烫的茶，沏茶也不爱满杯。我的家乡论为客人斟茶斟酒，"酒要满，茶要浅"，茶斟得太满是对客人不敬，甚至是骂人。于是就只剩下一个字：浓。我喝茶是喝得很酽的。曾在机关开会，有女同志尝了我的一口茶，说是"跟药一样"。

我读小学五年级那年暑假，我的祖父不知怎么忽然高了兴，要教我读书。"穿堂"的右侧有两间空屋。里间是佛堂，挂了一幅丁云鹏画的佛像，佛的袈裟是朱红的。佛像下，是一尊乌斯藏铜佛。我的祖母每天早晚来烧一炷香。外间本是个贮藏室，房梁上挂着干菜，干的粽叶，靠墙有一坛"臭卤"，面筋、百叶、笋头、苋菜秸都放在里面臭。临窗设一方桌，便是我的书桌。祖父每天早晨来讲《论语》一章，剩下的时间由我自己写大小字各一张。大字写《圭峰碑》，小字写《闲邪公家传》，都是祖父从他的藏贴里拿给我的。隔日作文一篇，还不是正式的八股，是一种叫做"义"的文体，只是解释《论语》的内容。题目是祖父出的。我共做了多少篇"义"，已经不记得了。只记得有一题是"孟子反不伐义"。

祖父生活俭省，喝茶却颇考究。他是喝龙井的，泡在一个深栗色的扁肚子的宜兴砂壶里，用一个细瓷小杯倒出来喝。他喝茶喝得很酽，一次要放多半壶茶叶。喝得很慢，喝一口，还得回味一下。

他看看我的字、我的"义"，有时会另拿一个杯子，让我喝一杯他的茶，真香。从此我知道龙井好喝，我的喝茶浓酽，跟小时候的熏陶也有点关系。

后来我到了外面，有时喝到龙井，会想起我的祖父，想起孟子反。

我的家乡有"喝早茶"的习惯，或者叫做"上茶馆"。上茶馆其实是吃点心，包子、蒸饺、烧麦、千层糕……茶自然是要喝的。在点心未端来之前，先上一碗干丝。我们那里原先没有煮干丝，只有烫干丝。干丝有一个敞口的碗里堆成塔状，临吃，堂倌把装在一个茶杯里的佐料——酱油、醋、麻油浇入。喝热茶、吃干丝，一绝！

抗日战争时期，我在昆明住了七年，几乎天天泡茶馆。"泡茶馆"是西南联大学生特有的说法。本地人叫做"坐茶馆"，"坐"，本有消磨时间的意思，"泡"则更胜一筹。这是从北京带过去的一个字，"泡"者，长时间地沉溺其中也，与"穷泡"、"泡蘑菇"的"泡"是同一语源。联大学生在茶馆里往往一泡就是半天。干什么的都有。聊天、看书、写文章。有一位教授在茶馆里读梵文。有一位研究生，可称泡茶馆的冠军。此人姓陆，是一怪人。他曾经徒步旅行了半个中国，读书甚多，而无所著述，不爱说话。他简直是"长"在茶馆里。上午、下午、晚上，要一杯茶，独自坐着看书。他连漱洗用具都放在一家茶馆里，一起来就到茶馆里洗脸刷牙。听说他后来流落在四川，穷困潦倒而死，悲夫！

昆明茶馆里卖的都是青茶，茶叶不分等次，泡在盖碗里。文林街后来开了一家"摩登"茶馆，用玻璃杯卖绿茶、红茶——滇红、滇绿。滇绿色如生青豆，滇红色似"中国红"葡萄酒，茶叶都很厚。滇红尤其经泡，三开之后，还有茶色。我觉得滇红比祁（门）红、英（德）红都好，这也许是我的偏见。当然比斯里兰卡的"利普顿"要差一些——有人喝下来"利普顿"，说是味道很怪。人之好恶，不能勉强。

我在昆明喝过烤茶。把茶叶放在粗陶的烤罐里，放在炭火上烤得半焦，倾入滚水，茶香扑人。几年前在大理街头看到烤茶罐卖，犹豫一下，没有买。买了，放在煤气灶上烤，也不会有那样的味道。

1946 年冬，开明书店在绿杨村请客。饭后，我们到巴金先生家喝功夫茶。几个人围着浅黄色的老式圆桌，看陈蕴珍（萧珊）"表演"：濯器、炽炭、注水、淋壶、筛茶。每人喝了三小杯。我第一次喝功夫茶，印象深刻，这茶太酽了，只能喝三小杯。在座的除巴先生夫妇，有靳以、黄裳。一转眼，*43* 年了。靳以、萧珊都不在了。巴老衰病，大概没有喝一次功夫茶的兴致了。那套紫砂茶具大概也不在了。

我在杭州喝过一杯好茶。

1947 年春，我和几个在一个中学教书的同事到杭州去玩。除了"西湖景"，使我难忘的有两样方物，一是醋鱼带把。所谓"带把"，是把活草鱼的脊肉剔下来，快刀切为薄片，其薄如纸，浇上好秋油，生吃。鱼肉发甜，鲜脆无比。我想这就是中国古代的"切脍"。一是在虎跑喝的一杯龙井。真正的狮峰龙井雨前新芽，每蕾皆一旗一枪，泡在玻璃杯里，茶叶皆直立不倒，载浮载沉，茶色颇淡，但入口香浓，直透脏腑，真是好茶！只是太贵了。一杯茶，一块大洋，比吃一顿饭还贵。狮峰茶名不虚传，但不得虎跑水不可能有这样的味道。我自此方知道，喝茶，水是至关重要的。

我喝过的好水有昆明的黑龙潭泉水。骑马到黑龙潭，疾驰之后，下马到茶馆里喝一杯泉水泡的茶，真是过瘾。泉就在茶馆檐外地面，一个正方的小池子，看得见泉水咕嘟咕嘟往上冒。井冈山的水也很好，水清而滑。有的水是"滑"的，"温泉水滑洗凝脂"并非虚语。井冈山水洗被单，越洗越白；以泡"狗古脑"茶，色味俱全，不知水里含了什么物质。天下第一泉、第二泉的水，我没有喝出什么道理。济南号称泉城，但泉水只能供观赏，以之泡茶，不觉得有什么特点。

有些地方的水真不好。比如盐城。盐城真是"盐城"，水是咸的。中产以上人家都吃"天落水"。下雨天，在天井上方张了布幕，以接雨水，存在缸里，备烹茶用。最不好吃的水是菏泽，菏泽牡丹甲天下，因为菏泽土中含碱，牡丹喜碱性土。我们到菏泽看牡丹，牡丹极好，但茶没法喝。不论是青茶、绿茶，沏出来一会儿就变成红茶了，颜色深如酱油，入口咸涩。由菏泽往梁山，住进招待所后，第一件事便是赶紧用不带碱味的甜水沏一杯茶。

老北京早起都要喝茶，得把茶喝"通"了，这一天才舒服。无论贫富，皆如此。1948 年我在午门历史博物馆工作。馆里有几位看守员，岁数都很大了。他们上班后，都是先把带来的窝头片在炉盘上烤上，然后轮流用水汆坐水沏茶。茶喝足了，才到午门城楼的展览室里去坐着。他们喝的都是花茶。

北京人爱喝花茶，以为只有花茶才算是茶（北京很多人把茉莉花叫做"茶叶花"）。我不太喜欢花茶，但好的花茶例外，比如老舍先生家的花茶。

老舍先生一天离不开茶。他到莫斯科开会，苏联人知道中国爱喝茶，倒是特意给他预备了一个热水壶。可是，他刚沏了一杯茶，还没喝几口，一转脸，服务员就给倒了。老舍先生很愤慨地说："他妈的！他不知道中国人喝茶是一天喝到晚的！"一天喝茶喝到晚，也许只有中国人如此。外国人喝茶都是论"顿"的，难怪那位服务员看到多半杯茶放在那里，以为老先生已经喝完了，不要了。

龚定庵以为碧螺春天下第一。我曾在苏州东山的"雕花楼'喝过一次新采的碧螺春。"雕花楼"原是一个华侨富商的住宅，楼是进口的硬木造的，到处都雕了花，八仙过海、福禄寿三星、龙、凤、牡丹……真是集恶俗之大成。但碧螺春真是好。不过茶是泡在大碗里的，我觉得这有点煞风景。后来问陆文夫，文夫说碧螺春就是讲究用大碗喝的。茶极细，器极粗，亦怪！

我还在湖南桃源喝过一次擂茶。茶叶、老姜、芝麻、米，加盐放一个擂钵里，用硬木的擂棒"擂"成细末，用开水冲开，便是擂茶。

茶可入馔，制为食品。杭州有龙井虾仁，想不恶。裘盛戎曾用龙井茶包饺子，可谓别出心裁。日本有茶粥。《俳人的食物》说俳人小聚，食物极简单，但"唯茶粥一品，万不可少"。茶粥是啥样的呢？我曾用粗茶叶煎汁，加大米熬粥，自以为这便是"茶粥"了。有一阵子，我每天早起喝我所发明的茶粥，自以为很好喝。四川的樟茶鸭子乃以柏树枝、樟树叶及茶叶为薰料，吃起来有茶香而无茶味。曾吃过一块龙井茶心的巧克力，这简直是恶作剧！用上海人的话说：巧克力与龙井茶实在完全"弗搭界"。

28. 话说"相思"

——冰　心

我在美国威尔斯利女子大学研究院读硕士学位时，论文的题目是《李清照词英译》。导师是研究院教授 L 夫人。我们约定每星期五下午

135

到她家吃茶。事前我把《漱玉词》一首译成英文散文，然后她和我推敲着译成诗句。我们一边吃着茶点，一边谈笑，都觉得这种讨论是个享受。

有一次——时间大约是一九二五年岁暮吧——在谈诗中间，她忽然问我："你写过情诗没有？"我不好意思地说："我刚写了一首，题目叫做'相思'"：

避开相思，

披上裘儿，

走出灯明人静的屋子。

小径里冷月相窥，

枯枝——

在雪地上

又纵横地写遍了相思！

12 月 12 日夜，1925

我还把汉字"相思"两字写给她看，因为"相"字旁的"目"字和"思"字的上面的"田"字，都是横平竖直的，所以雪地上的枯枝会构成"相思"两字。她笑了，说是"很有意思，若是用弯弯的英文字母，就写不出来了！"

她只笑着，却没有追问我写这首诗的背景。那时威大的舍监和同宿舍的同学，都从每天的信里知道我有个"男朋友"了。那年暑假我同文藻在绮色佳大学补习法文时，还在谈恋爱！十二月十二日夜我得到文藻一封充满着怀念之情的信，觉得在孤寂的宿舍屋里，念不下书了，我就披上大衣，走下楼去，想到图书馆人多的地方，不料在楼外的雪地上却看见满地都写着"相思"两字！结果，我在图书馆也没念成书，却写出了这一首诗。但除了对我的导师外，别的人都没有看过，包括文藻在内！

"相思"两字在中国，尤其在诗词里是常见的字眼。唐诗中的"情人怨遥夜，竟夕起相思"，"愿君多采撷，此物最相思"，唐代的李商隐无可奈何地说"直道相思了无益"，清代的梁任公先生却执拗地说："不因无益废相思"。此外还有写不完、道不尽的相思诗句，不但常用于情人朋友之间，还有用于讽刺时事的，这里就不提它了。

说到这里，我想起一段笑话：一九二六年，我回到母校燕京大学，教一年级国文课。这班里多是教务处特地编到我班里来的福建、广东的男女学生，为了教好他们的普通话，为了要他们学会"咬"准字音，我有时还特意找些"绕口令"让他们学着念。有一次就挑了半阕词，记得是咏什么鸟的！

金垳远，玉塘稀，

天空海阔几时归？

相离只晓相思死，

那识相思未死时！

这"相思死"和"未死时"几个字，十分拗口，那些学生们绕不过口来，只听见满堂的"嘶，嘶，嘶"和一片笑声！

不久，有一天一位女同事（我记得是生物系的助教江先群，她的未婚夫是李汝祺先生，也是清华的学生，比文藻高两班，那时他也在美国）悄悄地笑问我："听说你在班里尽教学生一些香艳的诗曲，是不是你自己也在想念海外的那个人了？"我想她指的一定是我教学生念的那两句有关"相思"的词句。我一边辩解着，却也不禁脸红起来。

1986 年 3 月 26 日晨

29. 中国文与中国人

——瞿秋白

最近出版了一本很好的书：高本汉著的《中国语和中国文》。高本汉先生是个瑞典人，他的真姓是珂罗倔伦（Karlgren）。他为什么"贵姓"高？那无疑的是因为中国化了。他的确是个了不得的"支那学家"——中国语文学的权威。

但是，他对于中国人，却似乎也有深刻的研究。

他说："近来某几种报纸，曾经试用白话，——按高氏这书是一九二三年在伦敦出版的，——可是并没有多大的成功；因此，也许还要触怒了多数订报的人，以为这样，就是讽示着他们不能看懂文言报呢！"

"西洋各国里有许多伶人，在他们表演中，他们几乎随时可以插入许多'打诨'，也有许多作者，滥引文书；但是大家都认这种是劣等的风味。这在中国恰好相反，正认为高妙文雅而表示绝艺的地方。"

中国文的"含混的地方，中国人不但不因之感受了困难，反而愿意养成它……"

于是这位"支那学专家"就不免要"中国化"起来。他在中国大概受够了侮辱。"本书的著者和亲爱的中国人谈话，所说给他的，很能完全了解；可是，他们彼此谈话的时候，他几乎一句话也不懂。"这自然是那些"亲爱的中国人"在"讽示"他不懂"上流社会的"话。因为"外国人到了中国去，只要注意一点，他就可以觉得：他自己虽然已经熟悉了普通人的语言，而对于上流社会的谈话，仍是莫名其妙的。（例如"一个中国的雅人"回答高先生问他多大年纪，就说了一句"而立"。幸而高先生在《论语》上查着这个古典。）

于是"支那学专家"就说："中国文字好像一个美丽可爱的贵妇，西洋文字好像一个有用而不美的贱婢。"

美丽可爱而尤用的贵妇的"绝艺"，就在于"插诨"的含混。这使得西洋第一等的大学者至多也不过抵得上中国的普通人。这样，我们"精神上胜利了"。为要保持这种胜利，必须有高妙文雅的词汇，而且要丰富！五四白话运动的"没有多大成功"，原因大概就在上流社会怕人讽刺他们不懂文言了。

虽然，"此亦一是非，彼亦一是非"——我们还是含混些好了，否则反而要感受困难的。

十月二十五日

30. 中国人的病

——沈从文

国际上流行一句对中国很不好的批评："中国人极自私。"凡属中国人民一分子，皆分担了这句话的侮辱与损害。办外交，做生意，为这句话也增加了不少麻烦，吃了许多亏！否认这句话需要勇气。因为你个人即或是个不折不扣的君子，且试看看这个国家做官的，办事的，拿笔的，开铺子做生意的，就会明白自私的现象，的确处处可以见到。当政大小官僚情形且格外严重。它的存在原是事实。它是多数中国人一种共通的毛病。但责任主要应归当权的。

一个自私的人注意权利时容易忘却义务，凡事对于他个人有点小小利益，为了攫取这点利益，就把人与人之间应有的那种谦退，牺牲，为团体谋幸福，力持正义的精神完全疏忽了。

一个自私的人照例是不会爱国的。国家弄得那么糟，同自私大有关系。

国民自私心的扩张，有种种原因，其中极可注意的一点，恐怕还是过去的道德哲学不健全。时代变化了，支持新社会得用一个新思想。若所用的依然是那个旧东西，便得修正它，改造它。

支配中国两千年来的儒家人生哲学，它的理论看起来是建立于"不自私"上面，话皆说得美丽而典雅。主要意思却注重在人民"尊帝王""信天命"，故历来为君临天下帝王的法宝。前世帝王常利用它，新起帝王也利用它。然而这种哲学实在同"人性"容易发生冲突。表面上它仿佛很高尚，实际上它有问题，对人民不公平。它指明作人的许多"义务"，却不大提及他们的"权利"。一切义务仿佛都是必要的，权利则完全出于帝王以及天上神佛的恩惠。中国人读书，就在承认这个法则，接受这种观念。读书人虽很多，谁也就不敢那么想"我如今作了多少事，应当得多少钱?"若当真有人那么想，这人纵不算叛逆，同疯子也只相差一间。再不然，他就是"市侩"了。在一种"帝王神仙""臣仆信士"对立的社会组织下，国民虽容易统治，同时就失去了它的创造性与独立性。平时看不出它的坏处，一到内忧外患逼来，国家政治组织不健全，空洞教训束缚不住人心时，国民道德便自然会堕落起来，亡国以前各人分途努力促成亡国的趋势，亡国以后又老老实实同作新朝的顺民。历史上作国民的既只有义务，以尽义务引起帝王鬼神注意，借此获取天禄人爵。待到那个能够荣辱人类的偶像权威倒下，鬼神迷信又渐归消灭的今日，自我意识初次得到抬头的机会，"不知国家，只顾自己"，岂不是当然的结果？

目前注意这个现象的很有些人。或悲观消极，念佛诵经了此残生。或奋笔挥毫，痛骂国民不知爱国。念佛诵经的不用提，奋笔挥毫的行为，其实又何补于世？不让作国民的感觉"国"是他们自己的，不让他们明白一个"人"活下来有多少权利，不让他们了解爱国也是权利！思想家与统治者，只责备年轻人，困辱年轻人。俨然还希望无饭吃的因为怕雷打就不偷人东西，还以为一本《孝经》就可以治理天下，在上者那么糊涂，国家从哪里可望好起？

事实上国民毛病在用旧观念不能应付新世界，因此一团糟。目前最需要的，还是应当从政治、经济、教育、文学各方面共同努力，用一种新方法造成一种新国民所必需的新观念。使人人乐于为国家尽义务，且使每人皆可以有机会得到一个"人"的各种权利。要求"人权"并不是什么坏事情，它实在是一切现代文明的种子。一个国家多数国民能自由思索，自由研究，自由创造，自然比一个国家多数国民蠢如鹿豕，愚妄迷信，毫无知识，靠君王恩赏神佛保佑过日子有用多了。

自私原有许多种。有贪赃纳贿不能忠于职务的，有爱小便宜的，有懒惰的，有做汉奸因缘为利，贩卖仇货企图发财的。这皆显而易见。如今还有一种"读书人"，保有一个邻于愚昧与偏执的感情，徒然迷信过去，美其名为"爱国"；煽扬迷信，美其名为"复古"。国事之不可为，虽明明白白为近四十年来社会变动的当然结果，这种人却卸责于白话文，以为学校中一读经书，即可安内攘外；或委罪于年轻人的头发帽子，以为能干涉他们这些细小事情就可望天下太平。这种人在情绪思想方面，始终还不脱离封建遗老秀才的基本打算，他们却很容易使地方当权执政者，误认他们的捧场是爱国行为，利用这种老年人的种种计策来困辱青年人。这种读书人俨然害神经错乱症，比起一切自私者还危险。这种少数人的病比多数人的病更值得注意。真的爱国救国不是"盲目复古",而是"善于学新"。目前所需要的国民,已不是搬大砖筑长城那种国民,却是知独立自尊,懂拼命学好也会拼命学好的国民。有这种国民,国家方能存在,缺少这种国民,国家决不能侥幸存在。俗话说:"要得好,须学好。"在工业技术方面,我们皆明白学祖宗不如学邻舍,其实政治何尝不是一种技术?

倘若我们是个还想活五十年的年青人,而且希望比我们更年轻的国民也仍然还有机会在这块土地上活下去,我以为——

第一,我们应肯定帝王神佛与臣仆信士对立的人生观,是使国家衰弱民族堕落的直接因素。(这是病因。)

第二,我们应认识清楚凡用老办法开倒车,想使历史回头的,这些人皆有意无意在那里作糊涂事,所作的事皆只能增加国民的愚昧与堕落,没有一样好处。

第三,我们应明白凡迷恋过去,不知注意将来,或对国事消极悲观,领导国民从事念佛敬神的,皆是精神身体两不健康的病人狂人。(这些人同巫师一样,不同处只是巫师是因为要弄饭吃装病装狂,这些人是因为有饭吃故变成病人狂人。)

第四,我们应明白一个"人"的权利,向社会争取这种权利,且拥护那些有勇气努力争取正当权利的国民行为。应明白一个"人"的义务是什么,对做人的义务发生热烈的兴味,勇于去担当义务。要把依赖性看作十分可羞,把懒惰同身心衰弱看成极不道德。要有自信心,忍劳耐苦不在乎,对一切事皆有从死里求生的精神,对精神身体两不健康的病人狂人永远取不合作态度。这才是救国家同时救自己的简要药方。

31. 哭摩

——陆小曼

我深信世界上怕没有可以描写得出我现在心中如何悲痛的一支笔，不要说我自己这支轻易也不能动的一支。可是除此我更无可以泄我满怀伤怨的心的机会了，我希望摩的灵魂也来帮我一帮，苍天给我这一霹雳直打得我满身麻木得连哭都哭不出，浑身只是一阵阵的麻木。几日的昏沉直到今天才醒过来知道你是真的与我永别了。摩！漫说是你，就怕是苍天也不能知道我现在心中是如何的疼痛，如何的悲伤！从前听人说起"心痛"我老笑他们虚伪，我想人的心怎么觉得痛，这不过说说好听而已，谁知道我今天才真的尝着这一阵阵心中绞痛似的味儿了。你知道么？曾记得当初我只要稍有不适即有你声声的在旁慰问，咳，如今我即使是痛死也再没有你来低声下气的慰问了。摩，你是不是真的忍心永远的抛弃我了么？你从前不是说你我最后的呼吸也须要连在一起才不负你我相爱之情么？你为什么不早些告诉我是要飞去呢？直到如今我还是不信你真的是飞了，我还是在这儿天天盼着你回来陪我呢，你快点将未了的事情办一下，来同我一同去到云外去优游去吧，你不要一个人在外逍遥，忘记了闺中还有我等着呢！

这不是做梦么？生龙活虎似的你倒先我而去，留着一个病恹恹的我单独与这满是荆棘的前途来奋斗。志摩，这不是太惨了么？我还留恋些什么？可是回头看看我那苍苍白发的老娘，我不由一阵阵只是心酸，也不敢再羡你的清闲爱你的优游了，我再哪有这勇气，去看她这个垂死的人而与你双双飞进这云天里去围绕着灿烂的明星跳跃，忘却人间有忧愁有痛苦像只没有牵挂的梅花鸟。这类的清福怕我还没有缘去享受！我知道我在尘世间的罪还未满，尚有许多的痛苦与罪孽还等着我去忍受呢。我现在唯一的希望是你倘能在一个深沉的黑夜里，静静凄凄地放轻了脚步走到我的枕边给我些无声的私语让我在梦魂中知道你！我的大大是回家探望你那忘不了你的爱来了，那时间，我决不张惶！你不要慌，没人会来惊扰我们的。多少你总得让我再见一见你那可爱的脸我才有勇气往下过这寂寞的岁月，你来吧，摩！我在等着你呢。

事到如今我一些也不怨，怨谁好？恨谁好？你我五年的相聚只是幻影，不怪你忍心，只怪我无福留，我是太薄命了，十年来受尽千般的精神痛苦，万样的心灵摧残，直将我这颗心打得破碎得不可收拾？到今天才真变了死灰的了，也再不会发出怎样的光彩了。好在人生的刺激与柔情我也曾尝味，我也曾容忍过了。现在又受到了人生最可怕的死别。不死也不免是朵憔悴的花瓣再见不着阳光晒也不见甘露漫了。从此我再不能知道世间有我的笑声了。

经过了许多的波折与艰难才达到了结合的日子，你我那时快乐直忘记了天有多高地有多厚，也忘记了世界上有忧愁二字，快活的日子过得与飞一般快，谁知道不久我们又走进忧城。病魔不断地来缠着我。它带着一切的烦恼，许多的痛苦，那时间我身体上受到了不可言语的沉痛，你精神上也无端的沉入忧闷，我知道你见我病身呻吟，转侧床第，你心坎里有说不出的怜惜，满肠中有无限的伤感。你曾慰我，我无从使你再有安逸的日子。摩，你为我荒废了你的诗意，失却了你的文兴，受着一般人的笑骂，我也只是在旁默然自恨，再没有法子使你像从前的欢笑，谁知你不顾一切的还是成天的安慰我，叫我不要因为生些病就看得前途只是黑暗，有你永远在我身边不要再怕一切无谓的闲论。我就听着你静心平气的讲，只盼着天可怜我们几年的奋斗，给我们一个安逸的将来，谁知道如今一切都是幻影，我们的梦再也不能实现了，早知有今日何必当初你用尽心血地将我抚养呢？让我前年病死了，不是痛快得多么？你常说天无绝人之路，守着好了，哪知天竟绝人如此，哪里还有我平坦走着的道儿？这不是命么？还说什么？摩，不是我到今天还在怨你，你爱我，你不该轻身，我为你坐飞机，吵闹不知几次，你还是忘了我的一切的叮咛，瞒着我独自地飞上天去了。

完了，完了，从此我再也听不到你那叽咕小语了，我心里的悲痛你知道么？我的破碎的心留着等你来补呢，你知道么？唉，你的灵魂也有时归来见我么？那天晚上我在朦胧中见着你往我身边跑，只是那一霎眼的就不见了，等我跳着、叫着你，也再不见一些模糊的影子，咳，你叫我从此怎样度此孤单的日月呢？真是叫天天不应，叫地地不响，苍天如何给我这样惨酷的刑罚呢！从此我再不信有天道，有人心，我恨这世界，我恨天，恨地，我一切都恨，我恨他们为什么抢了我的你去，生生的将我们两颗碰在一起的心离了开去，从此叫我无处去摸我那一半热血未干的心。你看，我这一半还是不断地流着鲜红的血，流得满身只成了个血人。这伤痕除了那一半的心血来补，还有什么法子不叫她不滴滴的直流呢，痛死了有谁知道，终有一天流完了血自己就枯萎了。若是有时候你清风一样的吹回来见着我成天为你滴血的一颗心，不知道又要如何的怜惜如何的张惶呢。我知道你又看着两个小猫似眼珠儿乱叫乱叫着。看，看，的了，我希望你叫高声些，让我好听得见，你知道我现在只是一阵阵糊涂，有时人家大声地叫着我，我还是东张西望不知声音是何处来的呢。大大，若是我正在接近着梦边，你也不要怕扰了我的梦魂像平常似的不敢惊动我，你知道我再不会骂你了，就是你扰我不睡，我也不敢再怨了，因为我只要再能得到你一次的扰，我就可以责问他们因何骗我说你不再回来，让他们看着我的摩还是丢不了我，乖乖地又回来陪伴着我了，这一回我可一定紧紧地

搂抱你再不能叫你飞出我的怀抱了。天呀！可怜我，再让你回来一次吧！我没有得罪你，为什么罚我呢？摩！我这儿叫你呢，我喉咙里叫得直要冒血了，你难道还没有听见么？直叫到铁树开花，枯木发声我还是忍心等着，你一天不回来，我一天的叫，等着我哪天没有了气我才甘心地丢开这唯一的希望。

你这一走不单是碎了我的心，也收了不少朋友伤感的痛泪。这一下真使人们感觉到人世的可怕，世道的险恶，没有多少日子竟会将一个最纯白最天真不可多见的人收了去，与人世永诀。在你也许到了天堂在那儿还一样过你的欢乐的日子，可是你将我从此就断送了。你以前不是说要我清风似的常在你的左右么？好，现在倒是你先化着一阵清风飞去天边了，我盼你有时也吹回来帮着我做些未了的事情，只要你有耐心的话，最好是等着我将人世的事办完了，同着你一同化风飞去，让朋友们永远只听见我们的风声而不见我们的人影，在黑暗里我们好永远逍遥自在的飞舞。

我真不明白你我在佛经上是怎样一种因果，既有缘相聚又因何中途分散，难道说这也有一定的定数么？记得我在北平的时候，那时还没有认识你，我是成天的过着那忍泪假笑的生活。我对人老含着一片至诚纯白的心而结果反遭不少人的讥诮，竟可以说没有一个人能明白我，能看透我的。一个人遭着不可言语的痛苦，当然地不由生出厌世之心，所以我一天天地只是藏起了我的真实的心而拿一个虚伪的心来对付这混浊的社会，也不再希望有人来能真真的认识我明白我。甘心愿意从此自相摧残的快快了此残生，谁知道就在那时候会遇到了你，真如同在黑暗里见着了一线光明，遂死的人又兑了一口气，生命从此转了一个方面。摩摩，你的明白我，真算是透彻极了，你好像是成天钻在我的心房里似的，直到现在还只是你一个人是真还懂得我的。我记得我每遭人辱骂的时候你老是百般的安慰我，使我不得不对你生出一种不可言喻的感觉。我老说，有你，我还怕谁骂；你也常说，只要我明白你，你的人是我一个人的，你又为什么要去顾虑别人的批评呢？所以我哪怕成天受着病魔的缠绕也再不敢有所怨恨的了。我只是对你满心的歉意，因为我们理想中的生活全被我的病魔来打破，连累着你成天也过那愁闷的日子。可是两年来我从来未见你有一些怨恨，也不见你因此对我稍有冷淡之意。也难怪文伯要说，你对我的爱是 Come and true 的了，我只怨我真是无以对你，这，我只好报之于将来了。

我现在不顾一切往着这满是荆棘的道路上走去，去寻一点真实的发展，你不是常怨我跟你几年没有受着一些你的诗意的陶熔么？我也实在惭愧，真也辜负你一片至诚的心了，我本来一百个放心，以为有你永久在我身边，还怕将来没有一个成功么？谁知现在我只得独自奋斗，再不能得你一些相助了，可是我若能单独撞出一条光明的大路也不负你爱我的心了，愿你的灵魂在冥冥中给我一点勇气，让我在这生命的道上不感受到孤立的恐慌。我现在很决心的答应你从此再不张着眼睛做梦躺在床上乱讲，病魔也得最后与它决斗一下，不是它生便是我倒，我一定做一个你一向希望我所能成的一种人，我决心做人，我决心做一点认真的事业，虽然我头顶只见乌云，地下满是黑影，可是我还记得你常说"受苦的人没有悲观的权利"。一个人决不能让悲观的慢性病侵蚀人的精神，让厌世的恶质染黑人的血液。我此后决不再病（你非暗中保护不可），我只叫我的心从此麻木，不再问世界有恋情，人们有欢娱。我早打发我的心，我的灵魂去追随你的左右，像一朵水莲花拥扶着往白云深处去缭绕，决不回头偷看尘间的作为，留下我的躯壳同生命来奋斗到战胜的那一天我盼你带着悠悠的乐声从一团彩云里脚踏莲花瓣来接我同去永久的相守，过我们理想中的岁月。

一转眼，你已经离开了我一个多月了，在这短时间我也不知道是怎样过来的，朋友们跑来安慰我，我也不知道是说什么好，虽然决心

147

不生病，谁知一直到现在也没有离开过我一天。摩摩，我虽然下了天大的决心，想与你争一口气，可是叫我怎生受得了每天每时的悲念你时的一阵阵心肺的绞痛，到现在有时想哭，眼泪干得流不出一点；要叫，喉中疼得发不出声。虽然他们成天的逼我一碗碗的苦水，也难以补得了我心头的悲痛，怕的是我恹恹的病体再受不了那岁月的摧残。我的爱，你叫我怎样忍受没有你在我身边的孤单。你那幽默的灵魂为什么这些日子也不给我一些声响？我晚间有时也叫了他们走开，房间不让有一点声音，盼你在人静时给我一些声响，叫我知道你的灵魂是常常环绕着我，也好叫我在茫茫前途感觉到一点生趣，不然怕死也难以支持下去了。摩！大大！求你显一显灵吧，你难道忍心真的从此不再同我说一句话了么？不要这样的苛酷了吧！你看，我这孤单一人影从此怎样的去撞这艰难的世界？难道你看了不心痛么？你爱我的心还存在什么？你为什么不响？大！你真的不响了么。

32. 巴黎的书摊

——戴望舒

　　在滞留巴黎的时候，在羁旅之情中可以算做我的赏心乐事的有两件：一是看画，二是访书。在索居无聊的下午或傍晚，我总出去，把我迟迟的时间消磨在各画廊中和河沿上的。关于前者，我想在另一篇短文中说及，这里，我只想来谈一谈访书的情趣。

　　其实，说是"访书"，还不如说在河沿上走走或在街头巷尾的各旧书铺进出而已。我没有要觅什么奇书孤本的蓄心，再说，现在已不是在两个铜元一本的木匣里翻出一本 PatissierFrancois 的时候了。我之所以这样做，无非为了自己的癖好，就是摩挲观赏一回空手而返，私心也是很满足的，况且薄暮的塞纳河又是这样地窈窕多姿！

我寄寓的地方是 Ruedel'Echaude，走到塞纳河边的书摊，只须沿着塞纳路步行约摸三分钟就到了。但是我不大抄这近路，这样走的时候，塞纳路上的那些画廊总会把我的脚步牵住的，再说，我有一个从头看到尾的癖，我宁可兜远路顺着约可伯路，大学路一直走到巴克路，然后从巴克路走到王桥头。

塞纳河左岸的书摊，便是从那里开始的，从那里到加路赛尔桥，可以算是书摊的第一个地带，虽然位置在巴黎的贵族的第七区，却一点也找不出冠盖气味来。在这一地带的书摊，大约可以分这几类：第一是卖廉价的新书的，大部是各书店出清的底货，价钱的确公道，只是要你会还价，例如旧书铺里要卖到五六百法郎的勒纳尔（J. Renard）的《日记》，在那里你只须花二百法郎光景就可以买到，而且是崭新的。我的加梭所译的赛尔房德里的《模范小说》，整批的《欧罗巴杂志丛书》，便都是从那儿买来的。这一类书在别处也有，只是没有这一带集中吧。其次是卖英文书的，这大概和附近的外交部或奥莱昂车站多少有点关系吧。可是这些英文书的买主却并不多，所以花两三个法郎从那些冷清清的摊子里把一本初版本的《万牲园里的一个人》带回寓所去，这种机会，也是常有的。第三是卖地道的古版书的，十七世纪的白羊皮画书，十八世纪饰花的皮脊书等等，都小心的盛在玻璃的书框里，上了锁，不能任意地翻看。其他价值较次的古书，则杂乱地在木匣中堆积着，对着这一大堆你挨我挤着的古老东西，真不知道如何下手。这种书摊前比较热闹一点，买书大多数是中年人或老人。这些书摊上的书，如果书摊主是知道值钱的，你便会被他敲了去，如果他不识货，你便占了便宜来。我曾经从那一带的一位很精明的书摊老板手里，花了五个法郎买到一本一七六五年初版本的 DuLau-

149

rens 的 Imirce，至今犹有得意之色；第一因为 Imirce 是一部禁书，其次这价线实在太便宜也。第四类是卖淫书的，这种书摊在这一带上只有一两个，而所谓淫书者，实际也仅仅是表面的，骨子里并没有什么了不得，大都是现代人的东西，写来骗骗人的。记得靠近王桥的第一家书摊就是这一类的，老板娘是一个四五十岁的老婆，当我一回逗留了一下的时候，她就把我当做好主顾而怂恿我买，使我留下极坏的印象，以后就敬而远之了。其实那些地道的"珍秘"的书，如果你不愿出大价钱，还是要费力气角角落落去寻的，我曾在一家犹太人开的破货店里一大堆废书中，翻到过一本原文的 Cleland FannyHill，只出了一个法郎买回来。真是意想不到的事。

从加路赛尔到新桥，可以算是书摊的第二个地带。在这一带对面的美术学校和钱币局的影响是显著的。在这里，书摊老板是兼卖板画图片的，有时小小书摊上挂得满目琳琅，原张的蚀雕，从书本上拆下的插图，戏院的招贴，花卉鸟兽人物的彩图，地图，风景片，大大小小各色俱全，反而把书列居次位了。在这些书摊上，我们是难得碰到什么值得一翻的书的，书都破旧不堪，满是灰尘，而且有一部分是无用的教科书，展览会和画商拍卖的目录。此外，在这一带我们还可以发现两个专卖旧钱币纹章等而不卖书的摊子，夹在书摊中间，作一个很特别的点缀。这些卖画卖钱币的摊子，我总是望望然而去之的，（记得有一天一位法国朋友拉着我在这些钱币摊子前逗留了长久，他看得津津有味，我却委实十分难受，以后到河沿上走，总不愿和别人一道了。）然而在这一带却也有一两个很好的书摊子，一个摊子是一个老年人摆的，并不是他的书特别比别人丰富，却是他为人特别和气，和他交易，成功的回数居多。我有一本高克多（Coclcau）亲笔签字赠给诗人费尔囊·提华尔（FernandDivoire）的 LeGrundEcurt，便是从他那儿以极廉的价钱买来的，而我在加里马尔书店买的高克多亲笔签名赠给诗人法尔格（Fargue）的初版本 Opera，却使我花了七十法郎。但是我相信这是他错给我的，因为书是用蜡纸包封着，他没有拆开来看一看；看见那献辞的时候，他也许不会这样便宜卖给我。另一个摊子是一个青年摆的，书的选择颇精，大都是现代作品的初版和善本，所以常常得到我的光顾。我只知道这青年人的称字叫昂德莱，因为他的同行们这样称呼他，人很圆滑，自言和各书店很熟，可以弄得到价廉物美的后门货，如果顾客指定要什么书，他都可以设法。可是我请他弄一部《纪德全集》，他始终没有给我办到。

可以划在第三地带的是从新桥经过圣米式尔场到小桥这一段。这一段是塞纳河左岸书摊中的最繁荣的一段。在这一带，书摊比较都整齐一点，而且方面也多一点，太太们家里没事想到这里来找几本小说消闲，也有；学生们贪便宜想到这里来买教科书参考书，也有；文艺爱好者到这里来寻几本新出版的书，也有；学者们要研究书，藏书家要善本书，猎奇者要珍秘书，都可以在这带获得满意而回。在这一带，书价是要比他处高一些，然而总比到旧书铺里去买便宜。健吾兄觅了长久在圣米式尔大场的一家旧书让中觅到了一部《龚果尔日记》，花了六百法郎喜欣欣的捧回去，以为便宜万分，可是在不久之后我就在这一带的一个书摊上发现了同样的一部，而装订却考究得多，索价就只要二百五十法郎，使他悔之不及。可是这种事是可遇而不可求的，跑跑旧书摊的人第一不要抱什么一定的目的，第二要有闲暇有耐心，翻得有劲儿便多翻翻，翻倦了便看看街头熙来攘往的行人，看看旁边塞纳河静静的逝水，否则跑得腿酸汗流，眼花神倦，还是一场没结果回去。话又说远了，还是来说这一带的书摊吧。我说这一带的书较别带为贵，也不是胡说的，例如整套的 Echanges 杂志，在第一地带中买只须十五个法郎，这里却一定要二十个，少一个不卖；当时新出版原价是二十四法郎的 Celine 的 Voyageauboutdelanuit，在那里也非十八法郎不可，竟只等于原价的七五折。这些情形有时会令人生气，可是为了要读，也不得不买回去。价格最高的是靠近圣米式尔场的那两个专卖教科书参考书的摊子。学生们为了要用，也不得不硬了头皮去买，总比买新书便宜点。我从来没有做过这些摊子的主顾，反之他们倒做过我的主顾。因为我用不着的参考书，在穷极无聊的时候总是拿去卖给他们的。这里，我要说一句公平话：他们的给的价钱的确比季倍尔书店高一点。这一带专卖近代善本书的摊子只有一个，在过了圣米式尔场不远快到小桥的地方。摊主是一个不大开口的中年人，价钱也不算顶贵，只是他一开口你就莫想还价：就是答应你也还是相差有限的，所以看着他陈列着的《泊鲁思特全集》，插图的《天方夜谭》全泽本，Cririco 插图的阿保里奈尔的 Calligrammes，也只好眼红而已。在这一带，诗集似乎比别处多一些，名家的诗集花四五个法郎就可以买一册回去，至于较新一点的诗人的集子，你只要到一法郎或甚至五十生丁的木匣里去找就是了。我的那本仅印百册的 Jeanchirico 插图的 Reverdy 的《沉睡的古琴集》，超现实主义诗人 GuiRosey 的《三十年战争集》等等，便都是从这些廉价的木匣子里了来的。还有，我忘记说了，这一带还有一两个专卖乐谱的书铺，只是对于此道我是门外汉，从来没有去领教过吧。

从小桥到须里桥那一段，可以算是河沿书摊的第四地带，也就是最后的地带。从这里起，书摊便渐渐地趋于冷落了。在近小桥的一带，你还可以找到一点你所需要的东西。例如有一个摊就有大批 N. R. F. 和 Crassct 出版的书，可是那位老板娘讨价却实在太狠，定价十五法郎的书总要讨你十个法郎，而且又往往要自以为在行，凡是她心目中的现代大作家，如摩里向克，摩洛阿，爱眉（Ayme）等，就要敲你一笔竹杠，一点也不肯让价；反之，像拉尔波，茹昂陀，拉第该，阿郎等优秀作家的作品，她倒肯廉价卖给你。从小桥一带再走过去，便每况愈下了。起先是虽然没有什么好书，但总还能维持河沿书摊的尊严的摊子，以后呢，卖破旧不堪的通俗小说杂志的也有了，卖陈旧的教科书和一无用处的废纸的也有了，快到须里桥那一带，竟连卖破铜烂铁，旧摆设，假古董的也有了；而那些摊子的主人呢，他们的样子和那在下面塞纳河岸上喝劣酒，钓鱼或睡午觉的街头巡阅使（Clochard），简直就没有什么大两样。到了这个时候，巴黎左岸书摊的气运已经尽了，你腿也走乏了，你的眼睛也看倦了，如果你袋中尚有余钱，你便可以到圣日尔曼大街口的小咖啡店里去坐一会儿，喝一杯儿热热的浓浓的咖啡，然后把你沿路的收获打开来，预先摩挲一遍，否则如果你已倾了囊，那么你就走上须里桥去，倚着桥栏，俯看那满载着古愁并饱和着圣母祠的钟声的，塞纳河的悠悠的流水，然后在华灯初上之中，闲步缓缓归去，倒也是一个经济而又有诗情的办法。

　　说到这里，我所说的都是塞纳河左岸的书摊，至于右岸的呢，虽则有从新桥到沙德菜场，从沙德菜场到市政厅附近这两段，可是因为传统的关系，因为所处的地位的关系，也因为货色的关系，它们都没有左岸的重要。只在走完了左岸书摊尚有余兴的时候或从卢佛尔（Louvre）出来的时候，我才顺便去走走，虽然间有所获，如查拉的L'hommeapproximatif 或卢梭（HenriRorsseau）的画集，但这是极其偶然的事；通常，我不是空手而归，便是被那街上的鱼虫花鸟店所吸引了过去。所以，愿意去"访书"而结果买了一头红头雀回来，也是有过的事。

33. 相见以诚

—— 郭沫若

"事实胜于雄辩"，是最有普遍性而且有永远性的格言。当然这并不是说雄辩就毫无必要，根据事实的辩论是绝对必要的，要这样的辩论，也才理直气壮，真正"雄"得起来。不根据事实，或甚至违背事实，或捏造事实的辩论，尽管怎样的花言巧语，终竟骗不了人；即使能收到一时的效果，待到事实一揭穿了，那效果会成为逆效果的。到这时言语愈花巧，逆效果来得便愈大。

欺骗有时似乎也有必要。例如医生为求病人精神上的安静把实际的病情瞒着，或甚至把相当重的病情说得很轻。又例如父母对于小儿问到自己的来源，每每扯些无稽的小谎。但这些严格地说时，不能认为是欺骗。前者是一种治疗的方针，后者是一种延宕的教育，教育施行过早有时是有严重的患害的。

谈到军事或作战上来，似乎欺骗便有绝对的必要了。所谓"兵不厌诈"，便肯定了诡诈的效力。但这也只如根据事实的雄辩之类。尽管你是怎样善于用兵的人，你能够出奇制胜，但总要有兵可用。所以用兵的原则依然是忌"巧速"而贵"拙迟"。第一次世界大战，苏、德之间的旋乾转坤的战役，便是这一原则的最具体的说明了。当希特拉对苏联背信负义，突然发动了闪击战，他是多么"巧"，多么"速"。1941 年岁暮打到了莫斯科的大门，1942 年又打进了斯大林格勒，在当时希特拉的小胡子不知道会心地微笑了好多次，然而结果怎样了呢？

专门靠欺诈便能打胜战，专门靠欺诈便可以收到任何大小事件的成功，天地间决没有那样的事情。要说靠着欺骗便可以治国平天下，那更完全是笑话。中国搞政治的人似乎都中了些苏秦、张仪的毒，说到政治就好像只是几套骗人的纵横捭阖。事实上只要懂得几套纵横捭阖的，居然也就是政治家或甚至大政治家了。我们只感觉着中国的老百姓可怜呵。

就说苏秦、张仪吧，他们似乎也有"巧速"与"拙迟"之分。苏秦巧，张仪拙，苏秦速，张仪迟，然而张仪成功而苏秦失败了。今天的苏秦、张仪，自己周身都是脓疮，满头都是癫痫，却专门拿一枝粉条在别人背上画乌龟，以为这样便把别人骂倒了，自己得意得不亦乐乎。在可怜的中国老百姓眼里，谁又不感觉着这些小丑们的可怜相呢？

今天应该是大家相见以诚的时候了。自己拿出真正的责任心来，大胆地照明自己的丑态，彻底地荡垢涤污。不是骂人丑便可以掩盖得了自己的丑。千层的粉饰也把污垢掩盖不了，理由很简单，因为污垢根本还是存在。

有诚便能有勇，所谓"真金不怕火来烧"。这种人，他能勇于面对现实，勇于正视自己的过错，勇于接受批评，更勇于对抗外来的一切横逆、诬蔑、诱惑、冷视。要怎样才能够"富贵不能淫，贫贱不能移，威武不能屈"？就要全靠一个"诚"。老老实实地做人，说话、做事，不存一点损人利己的私心，这样便能产出舍己救人的牺牲精神。这样便能够大无畏。我有什么可怕？可怕的就是自己骗自己！

没有诚意的人便没有勇气。这种人鬼鬼祟祟，专门损人利己，做不来一件堂堂正正的事，说不来一句堂堂正正的话。一要装腔作势，立刻便露出了自己的尾巴。但他们也有一项外来的资本，便是靠他人也没有诚意。只要你自己有一毫私心，你有一点软弱，他们便抓到了你这项缺点。于是威胁，利诱，千层的蜘蛛网便罩到你自己的身上了。

动也不敢动，活活地便被奸污。这样的现象四处都是，而以黑字写在白纸上的特别明显。但今天是应该相见以诚的时候了，拿出诚意来，大家正大光明地做些对得住人民、也对得住自己的事。

34．论老年

——施蛰存

西塞罗是古罗马政治家、演说家和散文家，他有不少著作留传下来，著名的政论文、演说稿、书信、杂文，不下几百篇。可惜中文译本只有梁实秋译的一本《西塞罗文录》，还是三十年代的事。最近听说又有了新译本，内容还是梁实秋译的那几篇，我还没有见到，不知译笔会不会比梁实秋好些。

《西赛罗文录》中有一篇《论老年》，是一篇著名的散文，我当年读了很感兴趣。不过，西塞罗只活到六十八岁，就被人暗杀。他论老年，恐怕只是一个五六十岁人的体会，在今天看来，这还不算老年。我国今天的法律上规定，男子六十岁退休，女子五十五岁退休，这样说来，六十岁才开始进入老年，他还没有老年人的思想、情绪、经验、体会呢。

老年，老人，这个老字，在我们中国的历史上，概念有过几次变动，有一个现象，大可注意。汉代以前，一个人，过了七十岁才算是老了。孔夫子叙述自己的一生，从"十有五而志于学"讲到"七十而从心所欲，不逾矩。"下面就不说下去了。另外，他还说过："七十者可以食肉矣。"可见在孔子的时候，七十岁以后，才算进入了老年，所以汉代的字典《说文》注释这个"老"字，明确地说："七十曰老。"可是，这个标准，到了后世，似乎只有做官的人可以保持不变。"七十而致仕"，从周朝到清朝，没有改变过，大大小小的官员，一律到七十岁退休。老百姓呢，老得早了。皇侃注《论语》说"五十以上为老"。《文献通考·户口考》说："晋以六十六岁以上为老，隋以六十为老，唐以五十五岁为老，宋以六十为老。"这样看来，在人民中间，老的概念，曾经在五十岁到七十岁之间，游移不定过。汉朝以后，只有做官的人有特权比老百姓迟老十年。不管六十也好，七十也好，反正我已经毫无问题地老了。中年、青年、少年人的一切思想、感情、观念，都遗弃了我，我也遗弃了它们。我和中、青、少年之间，显然存在了不同广阔的代沟，我已主动又被动地进入了另一个意识形态王国。我的一切观念，如果不赶紧自己交代，现在和将来的中青少年不会理解的。于是，我也来谈论老年。

说起老年，就想到晚年。根据传统的修辞用法，晚年不一定是老年，老年也并不年年都是晚年。太阳即将落山，夜幕尚未降临，这时候叫做晚。一个人的生命即将终尽，还没有死，这年龄叫做晚年。晚年这个名词，并不表示固定年数或年期。一个在五十岁上逝世的人，他的四十八九岁就是晚年。四十四五岁，就不能说是他的晚年。我第一次退休，是在一九七五年，"工宣队"送我回家，祝颂我晚年愉快。我心里好笑，你以为我过两三年就死吗？到今天，十五年过去了，我还活着，有这么长期的晚年吗？现在的青年人，经常以晚年安乐、健康祝颂老年人，却不知道老年人心里难受。这不是祝颂，简直是诅咒他快死啊。在我辈老人的词汇里，"晚年"这个语词仅仅在讲到一个已故世的人的最后几年才用到，从来没有当面对生存的人用的。

记远不记近，这是老人十拗之一。我在青少年时，和老辈讲话，他们对十年、二十年前的事，会说得清清楚楚，对十天八天以前的事，却想不起来。我当时也想不通，以为这是老年人的古怪。现在我自己明白了。在漫长的人生道路上，每个人都有许多印象最深刻的事物。年纪越小，这种深刻的印象也越多。我还很清楚地记得，在五六岁时，住在苏州，父亲带我到虎丘去看迎神赛会。一尊巨大的"老爷"（神像）由许多人抬着走过，那老爷的眼睛会闪动，十分威严。我非常害怕。这是第一次看见，印象最深，永远记得。以后还看过几十次迎神赛会，都不很记得了。到了老年，每天的生活，差不多平淡无奇。昨天和前天一样，前天和大前天一样，没有特异的情况，因而也没有深刻的印象。所谓记远不记近，也并不是说，凡年代久远的事或人都记得，凡最近的事或人都不记得。只是过去的生活中，印象深的事情多；老来的生活中，印象深的事情少。这就是老人记远不记近的理由。说穿了，也并不古怪。

老人饶舌，说话滔滔不绝。他愈说愈高兴，听的人愈听愈厌烦。这情况也确是有的。不过，这并不是一切老人的通病。有些老人恰恰相反。他们沉默寡言，似乎很不愿意开口。这等老人，我们留着耽一会儿再谈。且说饶舌的老人，也有好几种。一种老人是长久孤独地耽在家里，没有人和他说话。他也没有机会说话。忽然来了一个客人，老朋友，老同事，多年不见的亲戚，双方都有许多可说的话。于是，老人的话一发而不可收拾了。这种情况的老人饶舌，客人不会厌烦，因为客人知道，是他自己引逗出来的。在老人这方面，其实也不能说他饶舌。也许他已有好久不说话，今天只是并在一起总说罢了。

如果来了一个普通礼节性拜访的客人，原来只打算向老人问候一下，坐一会儿就走。可是，他想不到给老人打开了话匣子，使他没有站起来告辞的机会。在这种情况下，老人总是讲他平生得意的事情，一桩桩，一件件，客人绝没有引逗他，他会自己搭过去。有些客人，可能已经听他讲过了好几遍了。可是，老人自己不记得，客人也不便说破，只好恭听下去。这种老人，确是饶舌得可厌。不过，青年人，我希望你们理解他，容忍他，静静地听他讲，千万不要打断他。老人讲他平生得意的事情，是他的孤独的退休生活的兴奋剂。让他自我陶醉一下吧。

至于那些沉默寡言的老人，也有几等。一等是体力已经非常衰弱的老人。他的肺功能已经不能说话。偶然应对一句话，也是细声细气的。对于这一等老人，做客人的最好尽快告退，不要伤害他所余无几的体力。另外一等沉默寡言的老人，大多是胸有城府的哲人。有些是世故人情阅历得多了，他知道"言多必失"，既已退出社会，犯不着再冒风险，于是他守口如瓶，一言不发。无论你问他什么，他只是点点头，或摇摇头，或则笑笑。如果你要追问他，硬要他表态，他总是简单地回答："不知道"，"不清楚"，"我没意见"。这是一种非常谨小慎微的老人。另外还有一种悲观厌世的老人，他们是犬儒主义者。你去访问他，他招待你，客气得很，显得很殷勤。但是，他只听你讲，绝不搭话。而且对你讲的话，他一点反应也没有。你不知道他同意不同意，你也不知道他听清了没有。有时他忽然对你微笑，你也无法理解，这是他感到兴趣呢，还是讽刺？

我宁可面对一个饶舌的老人，不愿意面对一个沉默寡言的老人。

老人怀旧，这和记远不记近不同。怀旧是对无论什么事物，老人都以为从前的好。物价是从前廉平，饮食起居是从前考究、舒服，人情是从前厚道，社会是从前安定，生活是从前富裕……所谓"从前"，都没有一定的年期，十年前是从前，二十年前也是从前。六七十岁老人所怀念的从前，总在二三十年之前。八九十岁的老人，怀念的常是四五十年之前。这里，透露出一个信息：每一个人，从二十岁到五十岁，是他的黄金时代。饮食服饰的享受，世故人情的经验，亲戚朋友的交际，事业知识的发展，乃至财富产业的累积，成败升沉的阅历，都在这三十年中。这三十年间的社会和生活，是属于他的，他知道得很清楚。过了五十岁，一步一步走入老境，社会渐渐地远离了他，生活境界渐渐地简单、缩小。他失去了活力，不会增加新的知识。于是，他说：一切都是从前的好。因为他无法享受现在的好。碰到一些固执的老人，他还要拒绝享受现在的好。但是，在另一方面，也还有不服老的老人，他们还能精神焕发地跟上时代，不甘落伍。扬扬自得地和大伙儿一起跳老年迪斯科。也有人带着老伴坐咖啡店，听音乐，挤在年轻人中间卖弄他们的鸡皮鹤发。这一等老人，大约不会怀旧，不会说一切都是从前的好。不过，我想想，还是要劝他们回去，坐在沙发上，喝一杯清茶，追怀从前的好。老人怀旧是正常的，趋新是变态。

　　有人提醒我，老人还有一个特征：嘴馋。不错，老人确实嘴馋，常常想吃。我自己就是这样，不过，青年人不会发现，老人想吃的是什么？我自己很明白，老人的嘴馋和青少年不一样。老人嘴馋，并不是食欲亢进，而是多少和怀旧有关系。老人并不想吃他没有吃过的东西，因为那种东西，不在他的知识和记忆里。老人尽管嘴馋，想吃，可是，把他想吃的东西办到，他也不会狼吞虎咽，只吃了一点点就满足了。从怀旧的感情出发，我常常想吃年轻时以为好吃的东西，即使那些东西现在还可以吃到，我也总以为从前吃的比现在的好。例如，一九三八年暑假，我在越南河内，吃到很好的香蕉、椰子、芒果。五十年了，似乎余味犹在。上海虽然也可以吃到香蕉，偶尔也可以吃到椰子，但我总是想吃河内的。至于芒果，上海已多年不见，见了也不会嘴馋。黄鱼、带鱼，向来是中等人家餐桌上的日常菜，从来不上筵席；现在呢，一盘松子黄鱼，比从前一大碗鱼翅还贵，带鱼的市场价格反而比鲳鱼贵。我现在只得多吃鲳鱼而懊悔从前没有多吃鱼翅。老人的嘴馋，大概如此，是一种怀旧感情的透露。饮食方面，尽管有新时代的新产品，一般老人都不会趋新。青年人非喝可乐、雪碧不可，老人却宁可喝一杯郑福斋的冰镇酸梅汤，或觉林的杏酪豆腐。吃得到，当然很高兴；吃不到，嘴就馋了。

孟子和他的学生告子忽然谈到人性问题。告子脱口而出，说了一句"食色性也"。从此以后，一部中国文化史，哲学史，生理学，心理学，永远把食与色连在一起，好像贪嘴爱吃的人必定好色。我讲到老人嘴馋，就有人提醒我：老人也好色。那么，好吧，我们就来谈谈老人的好色。

许多人都以为嘴馋不丢脸，不妨承认；好色是见不得人的事，非但不可承认，而且必须否认。其实，也不用大惊小怪，在我们儒家先圣先贤的世界观中，好色也的确和嘴馋一样，不过是人性之一端而已。"吾未见好德如好色者也"，"寡人好色"，"国风好色而不淫"。君臣、师生公然谈到好色，而且有人记录下来，写入煌煌经典。孟夫子还说过一句："不知子都之姣者，无目者也。"简直骂不好色的人是瞎子。这样看来，好色又何必讳言？

不过，好色这个词语，大概古今意义不同。古人所谓好色，是多看几眼美丽的姑娘。从头看到脚："手如柔荑，肤如凝脂，领如蝤蛴，齿如瓠犀，螓首蛾眉；巧笑倩兮，美目盼兮。"这已经是瞪着眼仔仔细细的看了。看到后来，不禁赞叹："彼其之子，美无度，美无度！"如果再要进一步欣赏，那么可以到东门外去和姑娘们一起搓麻，趁此机会，和她们一起唱唱歌，或谈谈家常。"彼美淑姬，可与晤歌。"不过，这已经是青年人的行为了。老年人，大约惊赞一声"美无度"之后，就高高兴兴的回家了。既不想"君子好逑"，也不会"吉士诱之"，既不会约她"俟我于城隅"，也不会要求她"期我乎桑中"。

好色这个语词的现代用法，就把老年人排除在外了。既然说："《国风》好色而不淫"，可见"好色"和"淫"是两回事，可是现代人用"好色"这个语词，却把"淫"的意义也概括进去了。从好色到

161

淫的全过程，叫做"恋爱"。青年人的恋爱，犹如一场足球赛。许多人你争我夺，目的是把一个球踢入球门。球进入球门之后，恋爱就自行殒灭，生命进入另一阶段。

青年人的好色，以球门为目的，他是要有所获得的。老年人的好色，没有球门，故不想得到什么。孔夫子早已告诫过："及其老也，血气既衰，戒之在得。"因此，我们可以说，老年人的好色，是出于美感；而青年人是出欲念，虽然同是性。

老人的好色，非但无所得，反而常常会有所失，这个失，与青年的失恋不同。老人所失的，不是一个进门球，而是一种审美趣味的幻灭。世界上有多少老人，见过多少美丽的姑娘，过不了几年，就看见这个美丽，已变成老丑。甚至，在看到她的美丽的时候，已看到她老丑的阴影。白居易是个好色的诗人，他喜欢看美丽的姑娘。但是，他常常慨叹："世间好物不坚牢，彩云易散琉璃脆。"老人好色，同时又悟到色即是空。如果说他有什么收获，大概只有一种悲天悯人的情绪。这是青年人所不会理解的。

35. 事事关心

——邓 拓

"风声、雨声、读书声，声声入耳；

家事、国事、天下事，事事关心。"

这是明代东林党首领顾宪成撰写的一副对联。时间已经过去了三百六十多年，到现在，当人们走进江苏无锡"东林书院"旧址的时候，还可以寻见这副对联的遗迹。

为什么忽然想起这副对联呢？因为有几位朋友在谈话中，认为古人读书似乎都没有什么政治目的，都是为读书而读书，都是读死书的。为了证明这种认识不合事实，才提起了这副对联。而且，这副对联知道的人很少，颇有介绍的必要。

上联的意思是讲书院的环境便于人们专心读书。这十一个字很生动地描写了自然界的风雨声和人们的读书声交织在一起的情景，令人仿佛置身于当年的东林书院中，耳朵里好像真的听见了一片朗诵和讲学的声音，与天籁齐鸣。

下联的意思是讲在书院中读书的人都要关心政治。这十一个字充分地表明了当时的东林党人在政治上的抱负。他们主张不能只关心自己的家事，还要关心国家的大事和全世界的事情。那个时候的人已经知道天下不只是一个中国，还有许多别的国家。所以，他们把天下事与国事并提，可见这是指的世界大事，而不限于本国的事情了。

把上下联贯串起来看，它的意思更加明显，就是说一面要致力读书，一面要关心政治，两方面要紧密结合。而且，上联的风声、雨声也可以理解为语带双关，即兼指自然界的风雨和政治上的风雨而言。因此，这副对联的意义实在是相当深长的。

从我们现在的眼光看上去，东林党人读书和讲学，显然有他们的政治目的。尽管由于历史条件的限制，他们当时还是站在封建阶级的立场上，为维护封建制度而进行政治斗争。但是，他们比起那一班读死书的和追求功名利禄的人，总算进步得多了。

当然，以顾宪成和高攀龙等人为代表的东林党人，当时只知道用"君子"和"小人"去区别政治上的正邪两派。顾宪成说："当京官不忠心事主，当地方官不留心民生，隐居乡里不讲求正义，不配称君子。"在顾宪成死后，高攀龙接着主持东林讲席，也是继续以"君子"

与"小人"去品评当时的人物，议论万历、天启年间的时政。他们的思想，从根本上说，并没有超出宋儒理学，特别是程、朱学说的范围，这也是可以理解的。因为顾宪成讲学的东林书院，本来是宋儒、杨龟山创立的书院。杨龟山是程灏、程颐两兄弟的门徒，是"二程之学"的正宗嫡传。朱熹等人则是杨龟山的弟子。顾宪成重修东林书院的时候，很清楚地宣布，他是讲程朱学说的，也就是继承杨龟山的衣钵的。人们如果要想从他的身上，找到反封建的革命因素，那恐怕是不可能的。

我们决不需要恢复所谓东林遗风，就让它永远成为古老的历史陈迹去吧。我们只要懂得努力读书和关心政治，这两方面紧密的结合的道理就够了。

片面地只强调读书，而不关心政治；或者片面地只强调政治，而不努力读书，都是极端错误的。不读书而空谈政治的人，只是空头的政治家，决不是真的政治家。真正的政治家没有不努力读书的。完全不读书的政治家是不可思议的。同样，不问政治而死读书本的人，那是无用的书呆子，决不是真正有学问的学者。真正有学问的学者决不能不关心政治。完全不懂政治的学者，无论如何他的学问是不完全的，就这一点说来，所谓"事事关心"实际上也包含着对一切知识都要努力学习的意思在内。

既要努力读书，又要关心政治，这是愈来愈明白的道理。古人尚且知道这种道理，宣扬这种道理难道我们还不如古人，还不懂得这种道理吗？无论如何，我们应该比古人懂得更充分，更深刻，更透彻！

36. 向远处看

——阿　兰

对于忧郁者，我只有一句话要说："向远处看。"忧郁者几乎都是读书太多的人。人眼的构造不适应近距离的书本，目光需要在广阔的空间得到休息。当你仰望星空或眺望海天相交处的时候，你的眼睛完全放松了。如果眼睛放松了，头脑便是自由的，而步伐就更加稳健，那么你的全身上下，包括内脏，无不变得轻松、灵活，但是你不必尝试用意志的力量达到放松全身的目的。当意志专注于自身的时候，效果适得其反，最终会使你十分紧张。不要想你自己，向远处看。

忧郁确实是一种病，医生有时能猜到病因，开出药方。但是服药以后需要注意药力在体内的作用，还要遵守饮食规定，而你在这方面花费的心思正好抵消药力的效果。所以高明的医生会叫你去请教哲学家。但是你在哲学家家里又找到了什么呢？一个读书太多、思想上患近视症因而比你还要忧郁的人。

国家应该像开办医学院一样开办智慧学院，在这种学校里教授真知：静观万物，体会与世界一样博大的诗意。由于人眼的构造上的特点，广阔的视野能使眼睛得到休息，这就为我们启示一个重要的真理：思想应解放肉体，把肉体交还给宇宙——我们真正的故乡。我们作为人的命运与我们的身体的功能有很深的联系。只要周围的事物不去打搅它，动物就躺下来睡觉，一睡就着。同样情况下，人却在思想。他的思想使他的痛苦和需要倍增；他用恐惧和希望折磨自己。于是在想象力的作用下他的身体不断绷紧，无休止地骚动，时而冲动，时而克制；他总在怀疑，总在窥视周围的人和物。如果他想摆脱这种状态，他就去读书。书本的天地也是关闭的，而且离他的眼睛，离他的情绪太近。思想变成牢笼，身体受苦。说思想变得狭隘或者说身体自己折磨自己，其实是一回事。野心家做一千次相同的演说，情人做一千次祈祷。如果人们想使身体舒适，那么应该让思想旅行、游观。

学问能引导我们达到这个境界，只是这种学问没有野心，不饶舌，不急躁，只要它把我们从书本上领开，把我们的目光引向遥远的空间。这种学问应是感知和旅行。当你发现事物之间的真正关系时，一件事物能把你引向另一件事物，引向成千上万种别的事物，这种联系像一条湍急的河流把你的思想带向风，带向云，带向星球。真知绝不限于你眼皮底下的某一件小事；这是理解最小的事物怎样与整体相联系。任何一件东西的存在理由都不在它本身，所以正确的运动使我们离开我们自身，这对我们的身体和我们的眼睛同样有益。通过这种运动，你的思想在宇宙中得到休息，而整个宇宙才是思想的真正领域。思想同时与你身体的生命取得协调，而人体的生命也是与其他一切东西相联系的。基督徒爱说："我的故乡在天上"，他无意中道出一个重要的真理，向远处看吧！

37.　如果我是我

——何满子

我当然是我，无须是拍胸自夸"老子行不更名，坐不改姓"的好汉，当众自行验明正身，以证实他的我之为我的不诬；哪怕是猥琐的小人物，也无人怀疑此人是他本人，他也绝无作出假设以论证我之为我的必要。与和尚同行，和尚乘其酣睡时剃光了他的头发，溜掉了，此人醒来一摸自己的光头，诧异地大叫："僧固在，而我安在?"这样的事只能是笑话。神灵或鬼魂附体，使躯体的主人不复占有他的臭皮囊，也只能是装神装鬼的造谣惑众或文人的艺术虚构。我之为我应是不争的事实。

然而，倘若不是在"我"的人称概念上兜圈子，而是涉及人格内容时，用不着深奥的哲理辨析，我确实有时甚至常常不必是我。大致说来，大人物虽然善变，比较地能保持我之为我，其人格之或善美或丑恶都少受制约，历史上很多皇帝，为了遂行其我之为我，无妨"天下自我得之，自我失之，亦复何恨"，为其我之所欲为；小人物要保持我之为我就很吃力，乃至必须为此付出沉重的代价。这点鲁迅早已道破在前，《而已集·小杂感》中写道："阔的聪明人种种譬如昨日死，不阔的傻子种种实在昨日死。"昨日之我死掉了，今日之我就不再是那个我，即我已非我。不过聪明而阔的人仅仅是"譬如"一下，其我之为我本质依然；傻而又窄的小人物则"实在"死了，即那些年流行的"脱胎换骨，重新做人"的话头。呜呼，胎与骨俱已脱换，其人的我也就从此失落，势须另找一个替身（或曰傀儡）以维持其存在了。"从前种种如昨日死，从后种种如今日生"，此话的发明权属于曾国藩，当然是聪明的阔人，他准确地下一"如"字，即不是真死而是假设一下，我固如死而未死，无须易另一我，对我之为我是很执著的。

更早的坚持我之为我的名人是东晋的殷浩。《世说新语·品藻》："桓（温）问殷：'卿何如我?'殷云：'我与我周旋之，宁作我。'""宁作我"是他的选择，由此可知他也可以俯仰由人而不作我。质言之，即作一个实质上非我而仅只在人称上的我。作后一种选择时，他就成了笑话中的"僧固在，而我安在"的人物。化荒诞故事为人格失落的悲剧了。

人称只是一个代名。名者实之宾，当作为人称的"我"的那实体已蜕变或异化为非我时，我就名存实亡，于是"如果我是我"的假设便能成为合理的命题。

同时也就产生了反命题："如果我不是我"。事实上这个反命题还曾经更现实、更经常梦魇般地萦绕于人们的脑际，而且和心有余悸之类的情结隐隐地纠缠泛现。我和我所熟悉的许多许多人——我几乎想说知识分子绝大部分，都曾真心诚意地企求背弃自己，梦寐以求"如果我不是我"，即"宁不作我"。在神州大地一步一步地走向神经病大地，最后终于变成了一个大疯人院的大约一个世代里，人们诅咒附着在自己身上的教养，宁可不作烙有原罪印记的知识分子；用中国小说比方是刮掉林教头脸上的余印，用外国小说比方是揭去海斯特·白兰胸前的红 A 字，以减免在知识与反动成正比的方程式下所承担的精神和物质的重负。有些人则退而求其次，宁不作触处荆棘的人文学科方面知识的拥有者，化为可博少许宽贷的技术人员。人们诅咒自己的出身，即带我进入世界的我的那个娘胎，宁作祖上是三代讨饭的摩登华胄。这种"如果我不是我"即自我背弃的愿望还延展到下一代，不愿子女是自己的肖子以摆脱原罪。这种宁作非我的人格否定可能对许多许多人都是记忆犹新的。

这看来不过是一种在屈辱挣扎中的虚妄的幻想，在理论上似乎是办不到的；但"我不是我"毕竟是顽强的命题，它可以通过人格剥夺来实现。一点不含糊的是，我放弃我、背叛我、异化我曾是现实的不可抗拒的定命。有的人乐意，有的人无奈，总之成群的生灵都得在非我的道路上行进，有的行进得有如缎子般地滑溜，有的跌跌撞撞地蹒跚而行，有如上帝牧放的把草原染成一片雪白的羊群，当然不是抒情诗的景观，有的只是消耗性的悲剧，只能引起历史的长叹。

现在生理医学有变性术，把窈窕淑女变成风流小生，那是受术者

168

自愿的。以人格剥夺完成的我不是我显然不很有趣（当然不能排除自愿和感到有趣的人之存在，古人不是也有自宫了进宫当太监的么？）。比如上面说到的知识吧，自然不能被剥夺，但不妨碍使其置之于无用，堵截其我之为我的实现，使之枯萎蔫瘪而不成其为我，或不全成其为我；还可以使之应声作响，假我之口唱非我之歌，吼非我之怒，陪非我之笑；使我的本身等于行尸走肉，成为"哀莫大于心死"或更难挨的"哀莫大于心不死"（聂绀弩诗）的可怜虫。阿Q说"我是虫豸"时大概就是这种境界。

如果我不是我（不，没有"如果"），我就要信奉而且执行一种非我的道德，或简直无所谓道德。道德也者，本来就是贴在实际利益上的一层皮，痴夫愚妇们不开窍，才把做人的道德和人的尊严之类混为一谈，还把它作为救世正人的良药。巴尔扎克早就在《高老头》里借人物之口揭破了底蕴："世界一向就是这样的，道德家永远改变不了它。"为了惩治这种恶疾，既然愚人把道德和人的尊严相提并论，那就首先剥夺掉人的尊严，直到使其不知羞耻为何物。这样，人之成为非我才较为彻底。于是，人们不知道为了三十枚银币而叛卖告密是该诅咒呢还是该颂扬？不知道传播弥天大谎是愚昧呢还是超级忠诚？也分辨不清跪吻一尊神像的靴子以祈求福祉是迷信抑或是最新科学乃至是最低限度的公民道德？等等。

当人失去了自己，我不复为我时，所有的价值观自然可以听从摆布而随意颠倒，现成的理由是"吾从众"。独立思考是不可饶恕的奢侈。虽然也有为数不多的人记得"沉默是金子"，考虑一下"如果我是我"，这话我该不该说，这事我该不该做，该怎么说和怎么做。好歹保留点我是我，但谁能侥幸不被当作一支箭放在弦上呢？

我之所以为我，系于我有主体意识，我必须像忠实于人、忠实于世界那样忠实于我自己。能做到"己所不欲，勿施于人"之前，首先要做到"己所不欲，勿施于己"。于是我才能心安理得，以我是我而欣慰，才有"宁作我"的自尊的执著。可叹的是，要做到"宁作我"，我行我素，宠辱不惊，虽千万人我往矣，实在不容易，很难很难。易卜生称颂孤独者是最强的人，正是痛感于独立特行之不易坚执。抗拒外力难，抱朴守素也难。何况生于斯世，还不仅仅是安贫乐道的问题，要守住"我是我"的防线，真须大勇者；能念兹在兹地提出"如果我是我"的自问，判定我该怎么说，怎么做，也可算是称职的"人"了。完全失去了"我"，也就失去了"人"，当然仍不是称谓而是实质。

那位宣称"我与我周旋之，宁作我"的殷浩，就没有能实践约言，守住"宁作我"的阵线。不耐黜放的寂寞，经不住诱惑，在书空咄咄之时，"（桓）温将以浩为尚书令，遗书告之，浩欣然许焉。将答书，虑有谬误，开闭数者数十，竟达空函，大忤温意，由是遂绝。"（《晋书》本传）真是大大地失态，出尽了洋相；而且还是在先前向其矜持地宣称"宁作我"的对象之前失态丢人，落得个无所得而又不光彩的下场。

"如果我是我"，是一个严峻的命题。

38. 雄关赋

——峻 青

哦，好一座威武的雄关！——山海关，这号称"天下第一关"的山海关！

提起山海关来，这铮铮响的名字，我是很早很早就听到了。记得刚刚记事的童年，从我的一位四爷爷那里，就听到了山海关的名字，刻下了这座雄关的影子。

我的四爷爷，是一个关东客。还在他才十几岁的时候，就像我故乡中许许多多为贫困所迫无路可走的农民一样，孑然一身，肩上背着一张当做行李的狗皮，下关东谋生去了。及至重返故里，已经是七十多岁的人了。和他几十年前离乡时一样，依然是孑然一身，两手空空。而他带回来的唯一财物，就是他那漂泊异乡浪迹天涯的悲惨往事和种种见闻。

这当中，就有着山海关。

到现在，我还清晰地记得：冬景天，我们爷儿俩，偎坐在草垛根下，晒着暖烘烘的三九阳光，他对我讲述山海关的一些传说、故事的情景。那雄伟的城楼，那险要的形势，那悲壮的历史，那屈辱的陈迹，那塞上的风雪，那关外的离愁……

善感的心灵，也曾为背井离乡、远徙异地行人在跨过关门时四顾苍茫的悲凄情景而落下过伤感的眼泪，也曾为那孟姜女的忠贞和不幸而郁郁寡欢；然而更多的却是为那雄关的雄伟气势和它那抵御外侮捍卫疆土的英雄历史所感动，所鼓舞。幼稚的心灵上，每每萌发起一种庄严肃穆、慷慨激昂的情怀。

也曾做过一些童年的梦：梦中，常常是身着戎装，飞越那绵延万里的重重关山，或是手执金戈高高地站立在雄伟高大的城门之上。……

啊，梦虽荒唐，然而那仰慕雄关热爱国土的心却是真挚的，深沉的。

遗憾的是，这与京都近在咫尺的雄关，我却一直没有到过。它留给了我的依然还是童年时代从四爷爷那里得来的模糊的影子。

机会不是没有的。有一次，大概是一九五六年的春天吧，我出访

171

东欧，乘的是横越东北大地和西伯利亚荒原的国际列车。列车从北京开出后，就从列车播音员的广播中，听到了沿途将要经过的一些城市，这当中，就有着山海关。当时的心情是十分兴奋的。列车过了秦皇岛以后，我就眼盼盼地渴望着能尽快地看到山海关。哪知列车驶近山海关车站的时候，我才发现：原来这车站和铁路线离山海关还有相当远的一段距离，我从车窗里探出头去，用力向北张望，心想能远远地眺望一下那雄关的影子也好。可是非常遗憾，因为这时已是黄昏时分，苍茫的暮色，笼罩着大地，任是瞪大了眼睛，竭力张望，也望不见山海关，只能隐隐约约地望见一抹如烟似雾的淡影，和从四野里升腾起来的炊烟暮霭融合在一起，像三春烟雨中的景色似的，迷离难辨。

　　我失望地转回头去，脑幕上留下的依然是童年时代从四爷爷那儿得来的模糊的影子。

　　现在，我终于亲眼看到这思慕已久的雄关了。

　　啊，好一座威武的雄关！

　　果然是名不虚传：——天下第一关！

　　那气势的雄伟，那地形的险要，在我所看到的重关要塞中，是没有能与它伦比的了。

　　先说那城楼吧。它是那么雄伟，那么坚固，高高的箭楼，巍然耸立于蓝天白云之间，那"天下第一关"的巨大匾额，高悬于箭楼之上，特别引人瞩目，从老远的地方，就看得清清楚楚。这五个大字，笔力雄厚苍劲，与那高耸云天气势磅礴的雄关，浑为一体，煞是雄伟、壮观。但是，最壮观的还是它形势的险要。不信，你顺着那城门左侧的阶台往上走吧，你走到城墙之上，箭楼底下，手扶着雉墙的垛口，昂首远眺，你会情不自禁地发出一声又惊又喜的赞叹：

　　"嗬，好雄伟的关塞，好险要的去处！"

　　你往北看吧，北面，是重重叠叠的燕山山脉，万里长城，像一条

172

活蹦乱跳的长龙，顺着那连绵不断起伏不已的山势，由西北面蜿蜒南来，向着南面伸展开去。南面，则是苍茫无垠的渤海，这万里长城，从燕山支脉的角山上直冲下来，一头扎进了渤海岸边，这个所在，就是那有名的老龙头，也就是那万里长城的尖端，这山海关，就耸立在这万里长城的脖颈之上，高峰沧海的山水之间，进出锦西走廊的咽喉之地，这形势的险要，正如古人所说：

两京锁钥无双地

万里长城第一关

站在这雄关之上，人的精神，顿时感到异常振奋，心胸也倍加开阔。真想顺着那连绵不断的山势，大踏步地向着西北走去。一路上，去登临那一座座屏藩要塞，烽台烟墩。从山海关、喜峰口、古北口、居庸关、雁门关，一直走到那长城的尽处，嘉峪关口。也想返回身来，纵缰驰马，奔腾于广袤无垠的塞外草原之上，逶迤翻腾的幽燕群山之间，然后，随着那蜿蜒南去的老龙头，纵身跑进那碧波万顷的渤海老洋里，去一洗那炎夏溽暑的汗水，关山万里的风尘……

甚至，更想身披盔甲，手执金戈，站立在这威武的雄关之上，做一名捍卫疆土的武士……

哦，童年的梦，又从长久尘封的记忆中复活了。

复活在这"天下第一关"的城楼之上，山海之间。

复活在这二十世纪的八十年代！

复活在这十年内乱后的一个励精图治的夏天。

这，能说是荒唐的吗？

不，你瞧，那是什么？

正当我凭栏四眺遥思迩想的时候，猛听得一阵喧哗，回头一看，啊，一个身披盔甲手执青龙大刀的武士，从那古老而高大的箭楼大门里面走了出来，我不禁吃了一惊，心里好生诧异，上前仔细一看，却原来是一个到这儿来游览的青年小伙子，故意穿着这一身戎装拍照留影做纪念的。这戎装，是从那设在箭楼大门里面的一家照相馆里租来的。这家照想馆在这儿陈列了一些盔甲和兵器，专门租给游人拍照留念。

这件新鲜事儿，使我非常高兴。开始我想到的是这家照相馆真是"生财有道"，会想点子赚钱；可是转又一想：这不单纯是个赚钱营利的问题，而更重要的是他们体会到那些从祖国的四面八方荟集到这儿来的游人们在登临上这座古老而著名的雄关时的心情。我由此也懂得了：这身着戎装拍照留念的青年小伙子，也决不止是为了好玩和逗趣，这当中，也蕴藏着一种可贵的感情。

瞧，这小伙子手执大刀昂首挺胸的威武严肃的神情，不就是很好的证明吗？

看着这，有谁会感到滑稽可笑呢？

不，相反地，人们会情不自禁地从心里涌起一种肃穆庄严的感觉，怀古爱国的激情。

也许是受到了这种情绪的感染，与我一起来的一位青年女作家，也仿效那个小伙子的榜样，走进箭楼大门里面，花了五角钱去租了一套盔甲、兵器，披挂起来。当她披挂停当从箭楼里走将出来时，我简直不认得她了。那个一身天蓝色西装衫裙的时髦姑娘，一刹那间却变成了一位威风凛凛的古代武士。她头戴朱缨金盔，身穿粉底银甲战袍，手抚绿色鲨鱼鞘青锋宝剑，昂首挺胸地站立在城楼之上，俨然是一位身扼重关力敌千军的守关武士，叱咤风云的巾帼英雄。

我们的这位青年女作家，过去曾当过演员，还拍过一部电影，在那部电影里，她演的是一个从穷山沟里出来的农村姑娘，当上了飞行员，驾驶着银鹰，翱翔在蓝色的天空，保卫着祖国的神圣疆土。现在，她又身披戎装，手执金戈，在扼守这重关要塞了。八月的骄阳，映照着金盔银甲，闪烁出耀眼的光芒。她高高地站在那里，两眼凝视着远方，脸上的神情，是那样的庄严。真个不啻是花木兰再世，穆桂英重生。

看着这，一刹那间，我竟然仿佛置身于中世纪的古战场上。一股慷慨悲歌的火辣辣的情感，涌遍了我们的全身。

啊，雄关！

这固若金汤的雄关！

这"一夫当关，万夫莫开"的雄关！

在我们那古老的中华民族的伟大历史上，在那些干戈扰攘征战频仍的岁月里，这雄关，巍然屹立于华夏的大地之上，山海之间，咽喉要地，一次又一次地抵御着异族的入侵，捍卫着神圣的祖国疆土。这高耸云天的坚固的城墙上的一块块砖石，哪一处没洒上我们英雄祖先的殷红热血？这雄关外面的乱石纵横、野草丛生的一片片土地，哪一处没埋葬过入侵者的累累白骨？

啊，雄关，它就是我们伟大民族的英雄历史的见证人，它本身就是一个热血沸腾顶天立地的英雄好汉！

如今，这雄关虽已成为历史陈迹，但是它却仍以它那雄伟庄严的风貌，可歌可泣的历史，来鼓舞着人们坚强意志，激励着人们的爱国情感。

我相信：假若一旦我们的神圣的国土再一次遭受到异族入侵的话，那位手执大刀的青年小伙子，还有我们的现代花木兰，以及所有登临这雄关的公民，全都会毫不犹豫地拿起武器，奔赴杀敌救国的战场！

由此，我又悟出了一个道理：雄关，这早已变成了历史陈迹的雄关，虽然已经失去了它往日的军事作用，但是这雄关的伟大体魄，忠贞的灵魂，却永远刻在人们的心中。

哦，更确切一点说，这雄关，不在地壳之上，山海之间，而是在人们的心中。

是的，在人们的心中。这才是真正的雄关，比什么金城汤池还要坚固的雄关！

不是吗？山海关纵然是坚固险要，可也有被攻破的记载：而吴三桂的开门揖盗引清入关，更是不攻自破，多尔衮的铁骑，不就是从这洞开的大门下边蜂拥而来，席卷中原的吗？

恸哭六军皆缟素

冲冠一怒为红颜

吴梅村的《圆圆曲》，道出了所有爱国人士对民族败类的愤慨和痛恨。尽管历史学家对吴三桂叛国的动机究竟是不是为了"红颜"这一史实，还有争议，但是雄关被出卖而不攻自破却是事实，也是教训。

这遭到过玷污的雄关，至今还蒙受着耻辱的灰尘，并在无声地向人们诉说着这一段痛苦的历史，也仿佛在向着人们告诫：

谁道雄关似铁？

任是这似铁的雄关，也有那被攻破的时候。

说什么"一夫当关，万夫莫开"？

在我们那辽阔的疆土之上的许许多多重关要塞，从来就没有哪一座关塞真正起到过这样的作用。它们或者被强敌攻陷，或者为内奸出卖。而尤其是后者，堡垒易从内部攻破，历史上是不乏这种沉痛记载的。

吴三桂的丑剧，只不过是其中的一件而已。

由此看来，古往今来的大量史实证明：那所谓"固若金汤"的雄关，是从来就不存在的；而真正坚固的雄关，只存在于人们的心中。

——这，就是信念！

对社会主义，对革命事业，对我们伟大的祖国的坚贞不渝的信念，就是最坚固最强大的雄关，是任凭什么现代化的武器都不能攻破的雄关！

千百万吨级的热核武器攻不破它，重型轰炸机和洲际导弹攻不破它，资本主义腐朽思想攻不破它，灯红酒绿金钱美女也攻不破它。它，永远巍然屹立于我们伟大辽阔的国土之上，亿万英雄儿女的丹心之中。

这才是真正的雄关！

"固若金汤"的雄关！

啊，雄关！

无比坚固的雄关！

1982 年 3 月写于上海

39. 打破处女迷信

——胡 适

萧先生原书

学生有一最亲密的朋友，他的姐姐在前几年曾被土匪掳去，后来又送还他家。我那朋友常以此事为他家"奇耻大辱"，所以他心中常觉不平安；并且因为同学知道此事，他在同学中常像是不好意思似的。学生见这位朋友心中常不平安，也就常将此事放在心中思想：按着中国的旧思想，我这位朋友的姐姐应当为人轻看，一生受人的侮谩，受人的笑骂。但不知按着新思想，这样的女人应居如何的地位？

学生要问的就是：

一、一个女子被污辱，不是她自愿的，这女子是不是应当自杀？

二、若这样的女子不自杀，她的贞操是不是算有缺欠？她的人格的尊严是不是被灭杀？她应当受人的轻看不？

三、一个男子若娶一个曾被污辱的女子，他的人格是不是被灭杀？应否受轻看？

一、女子为强暴所污，不必自杀。

我们男子夜行，遇着强盗，他用手枪指着你，叫你把银钱戒指拿下来送给他。你手无寸铁，只好依着他吩咐。这算不得怯懦。女子被污，平心想来，与此无异。都只是一种"害之中取小"。不过世人不肯平心着想，故妄信"饿死事小，失节事极大"的谬说。

二、这个失身的女子的贞操并没有损失。

平心而论，她损失了什么？不过是生理上，肢体上，一点变态罢了！正如我们无意中伤了一只手指，或是被毒蛇咬了一口，或是被汽车碰伤了一根骨头。社会上的人应该怜惜他，不应该轻视他。

三、娶了一个被污的女子，与娶一个"处女"，究竟有什么区别？

若有人敢打破这种"处女迷信"，我们应该尊重他。

40. 鬼赞

—— 许地山

你们曾否在凄凉的月夜听过鬼赞？有一次，我独自在空山里走，除远处寒潭底鱼跃出水声略可听见以外，其余种种，都被月下底冷露幽闭住。我的衣服极其润湿，我两腿也走乏了。正要转回家中，不晓得怎样就经过一区死人底聚落。我因疲极，才坐在一个祭坛上歇息。

在那里，看见一群幽魂高矮不齐，从各坟墓里出来。他们仿佛没有看见我，都向着我所坐底地方走来。

他们从这墓走过那墓，一排排地走着，前头唱一句，后面应一句，和举行什么巡礼一样。我也不觉得害怕，但静静地坐在一旁，听他们底唱和。

第一排唱："最有福的谁?"

往下各排挨着次序应。

"是那曾用过视官，而今不能辨明暗的。"

"是那曾用过听官，而今不能辨声音的。"

"是那曾用过嗅官，而今不能辨香味的。"

"是那曾用过味官，而今不能辨苦甘的。"

"是那曾用过触官，而今不能辨粗细、冷暖的。"

各排应完，全体都唱："那弃绝一切感官底有福了！我们底骷髅有福了！"

第一排底幽魂又唱："我们的骷髅是该赞美底。我们要赞美我们的骷髅。"

领首的唱完，还是挨着次序一排排地应下去。

"我们赞美你，因为你哭的时候，再不流眼泪。"

"我们赞美你，因为你发怒的时候，再不发出紧急的气息。"

"我们赞美你，因为你悲哀的时候，再不皱眉。"

"我们赞美你，因为你微笑的时候，再没有嘴唇遮住你的牙齿。"

"我们赞美你，因为你听见赞美的时候再没有血液在你的脉里颤动。"

"我们赞美你，因为你不肯受时间的播弄。"

全体又唱："那弃绝一切感官底有福了！我的骷髅有福了！"

他们把手举起来一同唱：

"人哪，你在当生、来生底时候，有泪就得尽量流；有声就得尽量唱；有苦就得尽量尝；有情就得尽量施；有欲就得尽量取；有事就得尽量成就。等到你疲劳、等到你歇息的时候，你就有福了！"

他们诵完这段，就各自分散。一时，山中睡不熟底云直望下压，远地底丘陵都给埋没了。我险些儿也迷了路途，幸而有断断续续的鱼跃出水声从寒潭那边传来，使我稍微认得归路。

41．小病

——老 舍

大病往往离死太近，一想便寒心，总以不患为是。即使承认病死比杀头活埋剥皮等死法光荣些，到底好死不如歹活着。半死不活的味道使盖世的英雄泪下如涌呀。拿死吓唬任何生物是不人道的。大病专会这么吓唬人，理当回避，假若不能扫除净尽。

可是小病便当另作一说了。山上的和尚思凡，比城里的学生要厉害许多。同样，楚霸王不害病则没得可说，一病便了不得。生活是种律动，须有光有影，有左有右，有晴有雨；滋味就含在这变而不猛的曲折里。微微暗些，然后再明起来，则暗得有趣，而明乃更明；且至明过了度，忽然烧断，如百烛电灯泡然。这个，照直了说，便是小病的作用。常患些小病是必要的。

所谓小病，是在两种小药的能力圈内，阿司匹林与清瘟解毒丸是也。这两种药所不治的病，顶好快去请大夫，或者立下遗嘱，备下棺材，也无所不可，咱们现在讲的是自己能当大夫的"小"病。这种小

180

病，平均每个半月犯一次就挺合适。一年四季，平均犯八次小病，大概不会再患什么重病了。自然也有爱患完小病再患大病的人，那是个人的自由，不在话下。

咱们说的这类小病很有趣。健康是幸福；生活要趣味。所以应当讲说一番。

小病可以增高个人的身份。不管一家大小是靠你吃饭，还是你白吃他们，日久天长，大家总对你冷淡。假若你是挣钱的，你越尽责，人们越挑眼，好像你是条黄狗，见谁都得连忙摆尾；一尾没摆到，即使不便明言，也暗中唾你几口。不大离的你必得病一回，必得！早晨起来，哎呀，头疼！买清瘟解毒丸去，还有阿司匹林吗？不在乎要什么，要的是这个声势，狗的地位提高了不知多少。连懂点事的孩子也要闭眼想想了——这棵树可是倒不得呀！你在这时节可以发散发散狗的苦闷了，卫生的要术。你若是个白吃饭的，这个方法也一样灵验。特别是妈妈与老嫂子，一见你真需要阿司匹林，她们会知道你没得到你所应得的尊敬，必能设法安慰你：去听听戏，或带着孩子们看电影去吧？她们诚意的向你商量，本来你的病是吃小药饼或看电影都可以治好的，可是你的身份高多了呢。在朋友中，社会中，光景也与此略同。

此外，小病两日而能自己治好，是种精神的胜利。人就是别投降给大夫。无论国医西医，一律招惹不得。头疼而去找西医，他因不能断证——你的病本来不算什么——一定嘱告你住院，而后详加检验，发现了你的小脚趾头不是好东西，非割去不可。十天之后，头疼确是好了，可是足趾剩了九个。国医文明一些，不提小脚趾头这一层，而说你气虚，一开便是二十味药，他越摸不清你的脉，越多开药，意在把病吓跑。就是不找大夫，预防大病来临，时时以小病发散之，而小病自己会治，这就等于"吃了萝卜喝热茶，气得大夫满街爬！"

有宜注意者：不当害这种病时，别害。头疼，大则失去一个王位，

181

小则能惹出是非。设个比方：长官约你陪客，你说头疼不去，其结果有不易消化者。怎样利用小病，须在全部生活艺术中搜求出来。看清机会，而后一想象，乃由无病而有病，利莫大焉。

这个，从实际上看，社会上只有一部分人能享受，差不多是一种雅好的奢侈。可是，在一个理想国里，人人应该有这个自由与享受。自然，在理想国内也许有更好的办法；不过，什么办法也不及这个浪漫，这是小病。

42. 梦——相逢

——屠格涅夫

我梦见：我走在一片广阔的、光秃秃的草原上，四处散布着一些巨大的、棱角突兀的岩石，头顶上是黑压压的低沉的天空。

一条小路曲曲弯弯盘绕在巨石丛中……我沿这条小路走去，自己并不知道往哪儿走，为什么……

忽然，在我前面，在小路细细的线条上，出现了一个什么东西，仿佛是一小团轻云薄雾……我便盯住它：这一小团云雾一下子变成了个女人，亭亭玉立，身材修长，穿一身白衣裙，腰间围一圈狭狭的、亮光灿灿的带子……她脚步敏捷，急匆匆离我而去。

我没看见她的脸，甚至没看见她的头发：它们被一层水浪般飘动着的轻纱遮盖着，然而我的一颗心整个儿随她而去了。我觉得她非常美丽、亲切、可爱……我务必要追上她，想要看一眼她的脸……她的眼睛……我想看见，我必须看见这双眼睛。

但是，不管我怎样急急地追赶，她的动作总比我更敏捷。我无法追上她。

　　而这时出现了一块平平的宽大的石板，它横在小路上……阻拦了她的去路。女人停住了……我便跑过去，由于快乐和期待而战栗着……心中不无惧怕。

　　我一言未发……而她默默地向我转过身来。

　　我还是没看见她的眼睛。这双眼睛是紧闭着的。

　　她面色雪白……白得像她的衣衫一样；两只裸露的手臂一动不动地垂下，她全身上下仿佛变成了一块石头；这女人整个的躯体，脸上的每一根线条都好像是一尊大理石的雕像。

　　她缓缓地、连一条肢体也没有弯一下，便向后仰去，躺在那块平整的石板上。而我也并排躺在她的身边，仰面朝天，全身挺直，像坟墓上的石刻像一样，我的两只手祈祷似地抵在胸前，这时我感觉到，我也变成了石头。

　　过了一小会儿……这女人突然抬起身来走开了。

　　我想奔去追她，但是我动弹不得，两只叠放着的手也无法分开，只能随她望去，目光中流露出说不出的懊恼。

　　这时她出我意料地回转身来，于是我看见了一双长在一张生动活跃、神色变幻的面庞上的，明亮的，光辉闪耀的眼睛。她把这双眼睛凝注在我身上，同时笑了，只用她的唇在笑……没有声音。"站起来，"她说，"上我这儿来。"

　　可是我依然不能动弹。

　　这时她再次笑了笑，便迅速地走远，快活地点着头，在她的头顶上，突然间，一只用小朵玫瑰花编织的花冠鲜亮地发出红光。

　　而我依旧不能动弹，不能言语，躺在我坟墓的石板上。

43. 天国

——海伦·凯勒

在我心灵的天空中，信心之光永不黯淡。当我想象从尘世梦里醒来，却有身处天国的感觉，那滋味的美妙犹如从骇人恼人的噩梦中醒来，恰好有张可爱的脸正朝着你微笑一样，几多甘甜和欣慰，心态得以平衡。我一直以为，并且从没有动摇过，我所失去的每个亲人，朋友，都是尘世和那个早晨醒来时的世界之间的新的联系者，虽然我已无法听见他们亲切的话语，虽然我心中还有未散发的悲切，然而我又不禁为他们倍感高兴。

我不能理解为什么人会害怕死亡，死其实不足畏。尘世的喧嚣生活，支离破碎又寡淡乏味，而死去则是永恒的生命，是一种重逢及和谐。明白这一点，我们又何乐而不为呢，又何必悲悲切切呢！我在想，假如我的双眼在未来的世界上可以睁开，我只需生活在我心目中的乡村就已觉得心满意足，我坚定的思想，使我不听话的眼睛不把视线投向那些转瞬之间即逝即变的景物。

如果我那些先我而去的亲人、朋友有百万分之一的机会可以活下去，那我绝无二话，甘冒万死之风险去争取这样的机会，而不会因犹豫、迟疑让他们的灵魂不安或有怨言。一旦事后发现并非如此，我将尽量不在离去者的欢乐上投下阴影，因为还有一个不朽的机会。我有时想，天上人间，究竟谁最需要欢娱，是地上的探索者还是那些已在上帝的庇护下观望天下的人？如果都是靠了一个太阳，在尘世的阴影下想象，那黑暗的感觉将是何等真切！

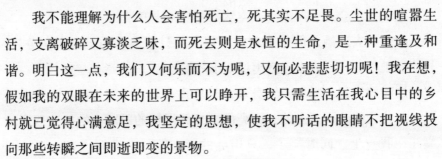

如果我们为崇高、纯洁的情和爱所感动，想起已逝去的人，心内顿觉无限温馨，感到有一股力量在缩小我们与他们之间的距离，那不啻是件美妙的事。有这种信念，就会有力量去改变死者的面貌，使不幸转变成为赢得胜利的奋斗，为那些连最后一点支持力量都已经被剥夺掉的人们点燃激励之火。如果我们深信不疑：天国就在自己心中，而不在身体之外别的什么地方，那就没有所谓的"另一个世界"，而我们所应该做的不外乎竭尽全力地去做、去爱，不断地盼望，并用此时此刻我们心中天国的绚烂多姿的光彩去照亮、去驱散我们四周的漆黑。

天国不是虚幻的，也远非世人从固有的想象中所料到的那么卑微，那是一个欢乐、祥和的实体，一个崭新的世界，那里没有自私，没有争斗，只有慈祥，只有互助。天使缓缓经过，不时抛下知识的黄金果实，让世人采用，生活在爱的氛围之中。

44．罪犯

——纪伯伦

有一个青年坐在大道上行乞。他本来身强力壮，但饥饿使他变得肌瘦体弱了。他坐在马路的拐弯处，伸手向过往行人乞讨，向那些善心人求助，口中喋喋不休地诉说着他的不幸遭遇和饥饿的痛苦。

黑夜笼了大地，他已口干舌燥。然而，两手像他肚子一样空空如也。这时，他起身朝城外走去，然后坐在一棵树下痛哭起来。在饥饿的煎迫下，他两眼噙着泪水，仰望苍天说道："主啊！为了找事干，我到过财主那里。由于我的衣衫褴褛，被他们赶了出来。我敲过学校的大门，因为两手空空，而遭拒绝。我渴望被人雇使，只求糊口度日，但我的运气不佳，一切都落了空。最后我只得去乞讨。然而我的主啊！你的崇拜者们看见我说，此人健壮有力，好逸恶劳，不应该得到施舍。主啊！我的母亲按照你的旨意生下了我，我现在存在于你的世界之中，为什么我以你的名义向人们乞讨时，他们竟拒绝给我一口面包呢?"

此时此刻，这个绝望的人表情变了，他突然站起身来，两只眼睛里闪过流星滑过一般的亮光。然后，他突然折断了一根干枯了的大树枝，用树枝指着城里，大声喊道："我想靠劳动谋生，但我未能如愿。现在，我将用我的臂力去获取。我以友爱的名义去讨饭，但没人理睬。好吧！我只好以罪恶的名义来求得，而且将求得更多！"

几天过后，这个青年为了获得几串项链，砍了几个人头。一旦他的欲望受到抵抗，他就将对手碎尸万段。就这样，他财运亨通，暴发致富。他的凶狠残暴，尽人皆知。他成了人间盗贼崇拜的偶像，智者的凶神。于是，国王按照惯例选中这个青年作为他在这个城市的钦差大臣。

人类就是这样的标新立异，由于它的悭吝而使一个可怜的穷苦人变成了刽子手；由于它的残忍而使一个心地善良的人变成了杀人犯。

45. 痛苦与厌倦之间

——叔本华

生命剧烈地在痛苦与厌倦的两端摆动，贫穷和困乏带来痛苦，太得意时，人又生厌倦。所以，当劳动阶层无休止地在困乏、痛苦中挣扎时，上层社会却在和"厌倦"打持久战。在内在或主观的状态中，对立的起因是由于人的受容性与心灵能力成正比，每个人对痛苦的受容性，又与对厌倦的受容性成反比。人的迟钝性是指神经不受刺激，气质不觉痛苦或焦虑。无论后者多么巨大，知识的迟钝是心灵空虚的主要原因。惟有经常兴致勃勃地注意观察外界的细微事物，才能除去许多人在脸上流露的空虚。心灵空虚是厌倦的根源，好比兴奋过后的人们需要寻找某些事物填补空下来的心灵，但人们寻求的事物又大多类似。

试看人们依赖的消遣方式，他们的社交娱乐和谈话内容多是千篇一律的。有多少人在阶前闲聊，在窗前凝视窗外，由于内在的空虚，人们寻求社交、余兴、娱乐和各类享受，因此产生奢侈浪费与灾祸。人避免祸患最好的方法，就是增加自己的心灵财富，人的心灵财富越多，厌倦所占的空间就越少。那不衰竭的思考活动在错综复杂的自我和包罗万象的自然里，寻找新的材料，从事新的组合，这样不断鼓舞心灵，除了休闲时间以外，厌倦是不会趁虚而入的。

另外，高度的才智基于高度的受容性、强大的意志力和强烈的感情之上。这三者的结合体使各种肉体和精神的敏感性增高。不耐阻碍，厌恶挫折——这些性质又因高度想象力的作用更为增强，使整个思潮都好像真实存在一样。人的天赋气质决定人受苦的种类，客观环境也受主观倾向的影响，人所采用的手段总是对付他所忍受的苦难，因此客观事件对他总是具有特殊意义。

聪明的人首先努力争取的无非是免于痛苦和烦恼的自由，求得安静和闲暇，过平静和节俭的生活。减少与他人的接触，所以在他与同胞相处了极短的时间后就会退隐，若他有极多的智慧，他就会独居。一个人内在所具备的越多，求助于他人的就越少——他人能给自己的也越少。所以，智慧越高，越不合群。倘使智慧的"量"可以代替

187

"质"的话，人活在大千世界中的自由度就会多一些。人世间一百个傻子无法代替一个智者。更不幸的是人世间傻子又何其多。

46．潜在力量

——尼 采

我们受到了影响，我们自身没有可以进行抵挡的力量，我们没有认识到，我们受了影响。这是一种令人痛心的感受：在无意识地接受外部印象的过程中，放弃了自己的独立性。让习惯势力压抑了自己心灵的能力，并违背意志在自己心灵里播下了萌发混乱的种子。

在民族历史里，我们更广泛地发现了这一切。许多民族遭到同类事情的打击，他们同样以各种不同方式受到了影响。

因此，给全人类刻板地套上某种特殊的国家形式或社会形式是一种狭隘的做法。一切社会理想都犯这种错误。原因是，一个人永远不可能再是同一个人。一旦有可能通过强大的意志推翻整个世界，我们就会立刻加入独立的精神的行列。于是，世界历史对我们来说只不过是一种梦幻般的自我沉迷状态。幕落下来了，而人又会觉得自己像是一个玩耍的孩子，像是一个早晨太阳升起时醒过来，笑嘻嘻将噩梦从额头抹去的孩子。

自由意志似乎是无拘无束、随心所欲的，它是无限自由、任意游荡的东西，是精神。而命运——如果我们不相信世界是个梦幻错误，不相信人类的剧烈疼痛是幻觉，不相信我们自己是我们的幻想玩物——却是一种必然性，命运是抗拒自由意志的无穷力量。没有命运的自由意志，就如同没有实体的精神，没有恶和善，是同样不可想象的，因为，有了对立面的事物才有特征。

命运反复宣传这样一个原则："事情是由事情自己解决的。"如果这是唯一真正的原则，那么人就是在暗中起作用的力量的玩物。他不对自己的错误负责，他没有任何道德差别，他是一根链条上必不可少的一个环节。如果他看不透自己的地位，如果他不在羁绊自己的锁链里猛烈地挣扎，如果他不怀着强烈的兴趣力求搞乱这个世界及其运行机制，那将是非常幸运的！

正像精神只是无限小的物质，善只是恶自身的复杂发展，自由意志也许不过是命运最大的潜在力量。如果我们无限扩大物质这个词的意义，那么，世界史就是物质的历史。因为必定还存在着更高的原则，在更高的原则面前，一切差别无一不汇入一个庞大的统一体；在更高的原则面前，一切都在发展，阶梯状的发展，一切都流向辽阔无边的大海——在那里，世界发展的一切杠杆，重新汇聚到一起，联合起来，融合起来，形成一个整体。

47. 一点人情味

—— 艾伯特 P·豪特

"我从未遇见过一个我不喜欢的人。"威尔·罗吉士说。这位幽默大师能说出这么一句话，大概是因为不喜欢他的人绝无仅有。罗吉士年轻时有过这样一件事，可为佐证。

1898 年冬天，罗吉士继承了一个牧场。有一天，他养的一头牛因

189

冲破附近农家的篱笆去啃嫩玉米，被农夫杀死了。按照牧场规矩，农夫应该通知罗吉士，说明原因。农夫没这样做。罗吉士发现了这件事非常生气，便叫一名佣工陪他骑马去和农夫论理。

他们半路上遇到寒流，人身马身都挂满冰霜，两人差点冻僵了。抵达木屋的时候，农夫不在家。农夫的妻子热情地邀请两位客人进去烤火，等待她丈夫回来。罗吉士烤火时，看见那女人消瘦憔悴，也发觉五个躲在桌椅后面对他窥探的孩子瘦得像猴儿。

农夫回来了，妻子告诉他罗吉士和佣工是冒着狂风严寒来的。罗吉士刚要开口说明的来意，农夫便和他们握手，留他们吃晚饭。"二位只好吃些豆子，"他抱歉地说，"因为刚刚在宰牛，忽然起了风，没能宰好。"

盛情难却，两人便留下了。

在吃饭的时候，佣工一直等待罗吉士开口讲起杀牛的事，但是罗吉士只跟这家人说说笑笑，看着孩子们一听说从明天起几个星期都有牛肉吃，便高兴得眼睛发亮。

饭后，寒风仍在怒号，主人夫妇一定要两位客人住下。两人于是又在那里过夜。

第二天早上，两人喝了黑咖啡，吃了热豆子和面包，肚子饱饱地上路了。罗吉士对此行来意依旧闭口不提。佣工就责备他："我还以为你为了那头牛要来惩罚他呢。"

罗吉士半晌不作声，然后回答："我本来有这个念头，但是我后来又盘算了一下。你知道吗，我实际上并未白白失掉一头牛，我换到了一点人情味。世界上的牛何止千万，人情味却稀罕。"

48. 自绘像

——卢 梭

两种近乎水火不相容的东西，以我无法想象的方式统一在我身上：热烈的性格、奔腾的感情和缓慢凝滞的思想。似乎我的心灵和我的思想并不是属于同一个人的。比闪电更迅疾的情感攫取我的心灵，但它并不给我启示，而是使我激动，使我迷惑。我感觉一切，但我什么也不领会。我暴躁易怒，但又麻木不仁；我在冷静下来之后才能思考。令人惊讶的是，只要别人能够耐心等待，我仍然可以表现出相当可靠的直觉、洞察力、甚至敏感。"只要时间充裕，我可以写出极好的即兴诗。"但我从来不能即兴写出任何像样的文字，也不能随口讲出任何有份量的话语。在通信中我可以侃侃而谈，就像人们所说的：西班牙人下棋。在我读过的一本书里，作者叙述萨瓦公爵在从巴黎返回故乡途中回身叫道："巴黎商人听着，我不会饶你的!"我想："这就是我!"

这种同敏锐的感受力共在的凝滞的思想不仅表现在交谈中，即使我独自一人或者我工作时亦是如此。要把我头脑里的思想条理好，是一件异常困难的事情：它们在其中缓慢地运动，在其中沸腾，直至使我动感情，使我振奋，使我激动；而在这整个情感激荡的过程里，我眼前的一切是模糊的，我一个字也写不出来，我必须等待。这心灵的激荡不知不觉逐步平息，这混沌的一团逐渐露出端倪，每样东西各就各位，但这一切是缓慢的，而且必须经过长时间混乱的骚动……如果我能够等待，而且能够再现那些在我头脑中浮现过的事物的美好的面

191

貌，那么很少有作家能够超过我。

我之所以下笔艰难，原因就在这里。我的文稿字迹潦草、杂乱，而且由于反复涂改无法辨认，这就是我付出的代价的证据。我没有一份文稿不是经过四次或五次缮写才送去付印的。面对桌子和纸张，我无法提笔写出任何东西，只是在漫步中、在林壑间、在夜深人静时，我才能在头脑中创作；尤其对于我这样一个完全没有文字记忆力、一辈子不会背诵六行诗句的人来说，可以想象我写作起来是何等缓慢。有些音调和谐的长句子在见诸文字之前，曾经一连五六个夜晚在我头脑中反复斟酌。我之所以更擅长写那些需要雕琢的作品，也是由于这个缘故。即便一件无关紧要的小事—写一封信，我也要付出几个小时的辛劳；或者，如果我要记述一件我刚才经历的事情，我不知道怎么开头也不知道怎么结尾；我的信是连篇的废话，读起来令人费解。

我不仅拙于表达思想，而且甚至难以形成看法。我对人进行过研究，并且自认有相当敏锐的观察力，然而我对眼前的东西丝毫不能领悟，我只能洞察那些回忆起来的东西，而且我的理智只存在于我对往事的回顾之中。对于人们当我的面所讲的一切、所做的一切、发生的一切，我毫无感觉，我茫然不解。给我印象的仅仅是外部的征象。这一切在我脑海中有时重新浮现：我记住了地点、时间、声调、目光、动作、环境，一切又都历历在目。这时，根据人们的行为或言谈，我竟能够洞悉人们的思想，而且极少弄错。

既然我独处时无法主宰自己的思想，人们可以想见在交谈中我是什么模样。为了说话得体，必须同时而且立即考虑许多因素。礼仪那么繁琐，而我终不免有所疏忽，这就足以使我望而却步了。我甚至无法理解人们怎么敢当着众人讲话：因为每词每句都要考虑所有的在场者；必须了解所有人的性格，知道他们的经历，才有把握不讲出什么得罪人的话……我觉得两个人面对面交谈更令人尴尬，因为不停地讲话是一种需要：对方讲话必须应答，对方沉默时又必须使谈话重新活跃起来。这种无法忍受的拘谨已经足以使我对社交生活失去兴趣；无话找话说就必然说废话，这是令人厌烦的……这就是为什么人们在我身上看到的，而归咎于其实我并没有的孤僻性格的许多异乎寻常的举动。如果我不确信我在社交生活中的形象非但于己不利，而且同我本来的面目截然不同，我可能同别人一样也会喜欢社交生活的。投身写作并且躲藏起来，这于我是最恰当的选择。

49. 如果我是富豪

——卢　梭

如果我是富豪，我不会到乡间为自己兴建一座城市，在穷乡僻壤筑起杜伊勒利宫。在一道林木葱茏、景色优美的山坡上我将拥有一间质朴的小屋，一间有着绿色挡风窗的小白屋。虽然屋顶铺上茅草在任何季节都是最惬意的，可是我更喜欢瓦片（而不是阴暗的青石片），因为瓦片比茅草干净，色调更加鲜明，因为我家乡的房子都是这样的，这能够帮助我忆起童年时代的幸福时光。我没有庭院，但有一个饲养家禽的小院子；我没有马厩，但有一个牛栏，里面饲养着奶牛，供给我喜爱的牛乳；我没有花园，但有一畦菜地，有一片如我所描绘的果园：树上的果子不必点数也不必采撷，供路人享用；我不会把果树贴墙种在房屋周围，使路人碰也不敢碰树上华美的果实。然而这小小的挥霍代价轻微，因为我幽静的房屋坐落在偏远的外省，那儿金钱是不多，但食物丰富，是个既富饶又穷困的地方。

那儿，我聚集一群人数不多但经过挑选的友人。男的喜欢寻欢作乐，而且个个是行家；女的乐于走出闺阁，参加野外游戏，懂得垂钓、捕鸟、翻晒草料、收摘葡萄，而不是只会刺绣、玩纸牌。那儿，都市的风气荡然无存，我们都变成山野的村民，恣意欢娱，每晚都觉得翌日的活动太多，无法挑选。户外的锻炼和劳作刺激我们的胃口，使我们食欲大增。每餐饭都是盛宴，食物的丰富比馔肴的精美更得人欢心。愉快的情绪、田野的劳动、嬉笑的游戏是世上最佳的厨师，而精美的调料对于日出而作的劳动者简直是可笑的玩意。这样的筵席不讲究礼仪也不讲究排场：到处都是餐厅——花园、小船、树荫下，有时筵席设在远离家屋的地方，在淙淙的泉水边，在如茵的草地上，在桤树和榛树下；愉快的客人排成长长的行列，一边唱着歌，一边端出丰赡的食物；草地桌椅、泉水环石当做放酒菜的台子，饭后的水果就挂在枝头。上菜不分先后，只要胃口好，何必讲究客套；人人都喜欢亲自动手，不必假助他人。在这诚挚而亲密的气氛中，人们互相逗趣，互相戏谑，但又不涉鄙俚，没有虚情假意，没有约束，这更有利于沟通情感。完全不需要讨厌的仆人，他们偷听我们的谈话，低声评论我们的举止，用贪婪的目光数我们吃了多少块肉，有时迟迟不上酒，而且宴会太长时他们还唠唠叨叨。为了成为自己的主人，我们将是自己的仆从，每人都被大家服侍；我们任凭时间流逝；用餐是休息，一直吃到太阳落山也不在乎。如果有劳作归来的农夫荷锄从我们身边走过，我要对他讲几句亲切的话使他高兴；我要邀请他喝几口佳酿使他能够比较愉快承受苦难；而我自己因为内心曾经感受些许的激动而喜悦，而且暗中对自己说："我还是人。"

　　每逢乡民的节日，我同我的朋友率先到场；每逢邻里举行婚礼，我总是被邀的客人，因为大家知道我喜欢凑趣。我给这些善良的人们带去几件同他们自己一样朴素的礼物，为喜庆增添几许欢愉；作为交换，我将得到无法估价的报偿，一种和我同样的人极少得到的报偿：

推心置腹和真正的快乐。我在他们的长餐桌边就座，高高兴兴地喝喜酒；我随声附和，同大家一道唱一首古老的民歌；我在他们的谷仓里跳舞，心情比参加巴黎歌剧院的舞会更加欢畅！

50. 生活在大自然的怀抱里

——卢 梭

为了到花园里看日出，我比太阳起得更早；如果这是一个晴天，我最殷切的期望是不要有信件或来访扰乱这一天的清宁。我用上午的时间做各种杂事。每件事都是我乐意完成的，因为这都不是非立即处理不可的急事，然后我匆忙用膳，为的是躲避那些不受欢迎的来访者，并且使自己有一个充裕的下午。即使最炎热的日子，在中午一点钟前我就顶着烈日带着小狗芳夏特出发了。由于担心不速之客会使我不能脱身，我加紧了步伐。可是，一旦绕过一个拐角，我觉得自己得救了，就激动而愉快地松了口气，自言自语说："今天下午我是自己的主宰了！"接着，我迈着平静的步伐，到树林中去寻觅一个荒野的角落，一个人迹不至因而没有任何奴役和统治印记的荒野的角落，一个我相信在我之前从未有人到过的幽静的角落，那儿不会有令人厌恶的第三者跑来横隔在大自然和我之间。那儿，大自然在我眼前展开一幅永远清新的华丽的图景。金色的燃料木、紫红的欧石南非常繁茂，给我深刻的印象，使我欣悦；我头上树木的宏伟、我四周灌木的纤丽、我脚下花草的惊人的纷繁使我眼花缭乱，不知道应该观赏还是赞叹：这么多美好的东西竞相吸引我的注意力，使我在它们面前留步，从而助长我懒惰和爱空想的习气，使我常常想："不，全身辉煌的所罗门也无法同它们当中任何一个相比。"

我的想象不会让如此美好的土地长久渺无人烟。我按自己的意愿在那儿立即安排了居民，我把舆论、偏见和所有虚假的感情远远驱走，使那些配享受如此佳境的人迁进这大自然的乐园。我将把他们组成一个亲切的社会，而我相信自己并非其中不相称的成员。我按照自己的喜好建造一个黄金的世纪，并用那些我经历过的给我留下甜美记忆的情景和我的心灵还在憧憬的情境充实这美好的生活，我多么神往人类真正的快乐，如此甜美、如此纯洁、但如今已经远离人类的快乐。甚至每当念及此，我的眼泪就夺眶而出！啊！这个时刻，如果有关巴黎、我的世纪、我这个作家的卑微的虚荣心的念头来扰乱我的遐想，我就怀着无比的轻蔑立即将它们赶走，使我能够专心陶醉于这些充溢我心灵的美妙的感情！然而，在遐想中，我承认，我幻想的虚无有时会突然使我的心灵感到痛苦。甚至即使我所有的梦想变成现实，我也不会感到满足：我还会有新的梦想、新的期望、新的憧憬。我觉得我身上有一种没有什么东西能够填满的无法解释的空虚，有一种虽然我无法阐明、但我感到需要的对某种其他快乐的向往。然而，先生，甚至这种向往也是一种快乐，因为我从而充满一种强烈的感情和一种迷人的感伤——而这都是我不愿意舍弃的东西。

我立即将我的思想从低处升高，转向自然界所有的生命，转向事物普遍的体系，转向主宰一切的不可思议的上帝。此刻我的心灵迷失在大千世界里，我停止思维，我停止冥想，我停止哲学的推理；我怀着快感，感到肩负着宇宙的重压，我陶醉于这些伟大观念的混杂，我喜欢任由我的想象在空间驰骋；我禁锢在生命的疆界内的心灵感到这儿过分狭窄，我在天地间感到窒息，我希望投身到一个无限的世界中去。我相信，如果我能够洞悉大自然所有的奥秘，我也许不会体会这种令人惊异的心醉神迷，而处在一种没有那么甜美的状态里；我的心灵所沉湎的这种出神入化的佳境使我在亢奋激动中有时高声呼唤:"啊,伟大的上帝呀!啊,伟大的上帝呀!"但除此之外,我不能讲出也不能思考任何别的东西。

51. 扫帚

——斯威夫特

这把孤零零的扫帚,你别瞧它现在很不光彩地被搁置在偏僻角落,我敢说,它过去在树林中也曾一度好运昌隆,汁液饱满,叶茂枝繁;但现在整束干枝被捆在一根枯木之上,穷极机巧也势难妄与自然争衡;目前的情形至多也仅是它过去的一个翻转,一株本末倒置、枝条朝地、根部朝天的树木;一把在每个罚做苦役的女佣人的手下听使唤的东西;而且仿佛命运有意捉弄,专门清理污秽,但自身却难免肮脏;临了在女佣人的手下磨个光秃,不是扔出门外了事,便是最后再行利用一下,点火时候,充把干柴。看到这事,我不能不有所慨然,因自忖道:夫人固亦犹此扫帚也!试想,当初大自然将人度入这个世界之时,原也是何等强健活泼,欣欣可爱,浓发覆额,有如草木之茂密纷枝,但是曾几何时,色斧欲刀早已将其绿叶青枝斩伐殆尽,徒剩此枯干一具;于是遂不得不急靠装扮度日,凭假发掩盖,并因自己一头遍敷香粉但非天然长出的人工头发而自鸣得意;但是假若此时我们这柄扫帚竟突然出现在我们面前,并以它身上并不佩戴的桦叶战利品相夸耀,而且还尘垢满面,尽管是出自美人的香闺绣阁,我们必得对其虚荣大加讪笑。真的,我们对自身的优点与他人的缺点判断起来竟往往是如此失败!

也许你会要说，扫帚乃是树木出了毛病，出了颠倒情形的象征；于是请问，人不也是个颠倒的动物吗，其兽性官能总是高踞于其理性官能之上，其头颅与脚踝往往形同易位，徒自卑屈苟活于天地之间！然而尽管一身是病，却偏好以匡弊正俗者自居，以平冤矫枉者自居，其扒罗之广，甚至连娼妇之隐私也不放过；摘奸发微，张之于世，身所过处，平地生波；且惯于其所正谓消除之污秽中，自身沾染更重，陷溺更深；他的晚年则甘充奴仆于妇人，及至后来，童山濯濯，必与其扫帚兄沦为同一命运，不是被人踢出室外，便是充作点火干柴，以供他人取暖。